MISSION ABYSSES

LE DOCU DONT TU ES LE HÉROS

Dans la même collection

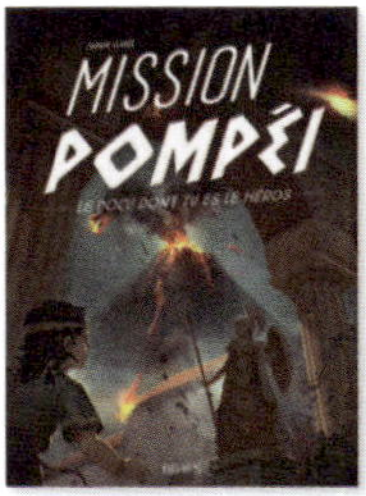

Direction : Guillaume Arnaud, Guillaume Pô
Direction éditoriale : Emmanuelle Braine Bonnaire
Édition : Sarah Hamon et Anaïs Rougale
Relecture : Sophie Harinck
Direction artistique : Élisabeth Hébert, assistée de Maïté Dubois
Maquette : Cromatik Ltée
Direction de fabrication : Thierry Dubus, assisté d'Axelle Hosten
Pictogrammes : © Shutterstock

Dépôt légal : septembre 2018
ISBN : 9782215138242
MDS : 592753
N° d'édition : J21043-02

Achevé d'imprimer en avril 2021, par INTERAK en Pologne.
« Loi n° 49-956 du 16 juillet 1949 sur les publications destinées à la jeunesse,modifiée par la loi n°2011-525 du 17 mai 2011 »

MIXTE
Papier issu de sources responsables
FSC® C015559
FSC www.fsc.org

MISSION ABYSSES

LE DOCU DONT TU ES LE HÉROS

TEXTE : LAUREEN BOUYSSOU
ILLUSTRATIONS : RONAN LE FUR

FLEURUS

ES-TU PRÊT(E) À PARTIR EN MISSION ?

Ce livre pas comme les autres te propose une incroyable aventure !

Dans les pages qui suivent, tu ne liras pas les chapitres dans l'ordre, mais tu navigueras de l'un à l'autre en fonction des choix que tu auras faits.

Tu auras besoin de toute ton astuce, de ton bon sens, mais aussi du maximum de tes connaissances, car chaque mauvaise décision peut s'avérer fatale. Tu n'es pas spécialiste des expéditions sous-marines ? Ce n'est pas grave : grâce à ce livre, tu apprendras très vite de tes erreurs et deviendras incollable !

Alors, prêt(e) à affronter tous les dangers ?

COMMENT ÇA MARCHE ?

Repère-toi grâce aux numéros de chapitre en haut de page.

Le texte te raconte ce qui est en train de t'arriver.

19

À l'avant, vous repérez l'ancre du galion. Derrière la cale apparaissent les sabords, les ouvertures pratiquées dans la coque pour passer les têtes des canons. Au bout du navire, vos projecteurs illuminent le balcon du gaillard arrière, décoré de riches sculptures de bois qui devaient être superbes. C'est ici que se trouve la cabine de Barbe-Flamme, mais impossible d'y accéder en submersible. Sur le pont, quoique rongée par la vermine, la roue du gouvernail est encore identifiable.

Le long de l'autre flanc du galion, d'innombrables morceaux de bois ainsi que des os jaunis à moitié enfouis jonchent la vase.

– Il faudra revenir fouiller, lances-tu à Margrit et Irina qui filment et prennent des photos.

Tu as encore le temps de survoler le pont, en 37, ou de pénétrer dans la brèche, en 48. Si tu as déjà fait tout cela ou si tu préfères remonter, rends-toi en 80.

Fais ton choix en fin de chapitre et rends-toi au numéro indiqué.

BIENVENUE DANS L'AVENTURE !

Le jour de ton anniversaire, ton père, un océanographe qui a exploré toutes les mers du globe à bord des plus célèbres submersibles*, te lance tout à trac :

– Étudier le relief, la faune et la flore des fonds marins, ça te dirait ?

– Et comment ! t'exclames-tu, n'ayant jamais eu l'occasion d'accompagner ton père autour du monde.

Celui-ci est récemment revenu d'une mission dans les Antilles. Il t'a parlé de la vie à bord, des volcans sous-marins, de la tempête évitée de justesse et des problèmes techniques surmontés. Il a vu briller une lueur au fond de tes yeux alors que tu songeais, en l'écoutant : « Ça, c'est la vraie vie ! »

– Je veux dire, aller profond, très profond, précise ton père. Dans les abysses*…

Ton cœur bat encore plus fort et tu acceptes sans hésiter.

– Parfait ! reprend-il, ravi de son petit effet. Alors, il va te falloir mettre à jour tes connaissances sur les océans, te préparer physiquement – ce sera dur, je te préviens ! – et réaliser des essais en submersible pour t'habituer aux espaces confinés. Puis nous embarquerons avec une équipe d'experts et je t'emmènerai là où… Eh bien, ma foi, tu verras bien !

Il s'interrompt un moment avant de préciser :

– Ta mère est d'accord, bien sûr !

Tu réalises encore difficilement la chance qui s'offre à toi. Tu vas partir à la découverte du fond des océans, cet univers que l'on connaît moins bien que la surface de la Lune !

Tu suis un entraînement intensif pendant un an et demi. À l'approche du grand jour, c'est la poussée d'adrénaline. Seras-tu à la hauteur ?

Tu crains de ne pas surmonter ta peur des profondeurs ou des monstres marins ? Il est encore temps de refermer ce livre… Mais si l'appel de l'aventure est plus fort, c'est le moment d'embarquer !

Si au cours de ton aventure, tu rencontres des mots signalés par un astérisque, n'hésite pas à consulter le lexique qui se trouve en dernière page.

PERSONNAGES

André

Ton père et chef de mission • Français

Gabriel

Géochimiste • Allemand

Galathéa

Géologue • Belge

Irina
Pilote de submersible • Russe

Liam
Commandant de bord • Québécois

Mathilde
Biologiste • Française

LES ABYSSES : ÉCHELLE DE PROFONDEUR

Calamar
géant
Cachalot
Baudroie
Diable noir
Poulpe
Dumbo
NODULE
FOSSE
SOURCE
HYDROTHERMALE

1

La veille du départ, André, ton père, part en avance. Tu rassembles tes affaires de ton côté et te mets en route pour les quais.

Tu vas mener ta mission scientifique aux côtés d'une équipe de vingt personnes environ, à bord du *Narval*, un navire de 90 m de long, dédié aux recherches océanographiques.

Attends une seconde… Au fait, comment appelle-t-on ce type de mission et ce genre de navire ?

Penses-tu qu'il s'agisse…

D'une campagne en haute mer à bord d'un navire hauturier ?

Va en **49**.

D'une excursion maritime à bord d'un grand voilier ?

Rends-toi en **29**.

D'une expédition sous-marine à bord d'un bathyscaphe ?

File en **38**.

2

Ton père te sourit, ravi de ton choix, et va fouiller dans sa mallette. Il revient bien vite avec une feuille de papier qu'il te tend.

– C'est la reproduction de la page du journal tenu par le frère de Barbe-Flamme, un brigand qui écumait les mers chaudes au XVIIIe siècle, à bord de son galion *La Faucheuse*. Une connaissance qui travaille aux Archives nationales a mis la main dessus.

– Qu'est-ce que ça dit ? lui demandes-tu, avide d'en savoir plus.

– Jaloux de Barbe-Flamme, son quartier-maître aurait monté l'équipage contre lui après la prise d'un joli butin. Avec quelques fidèles, le pirate se serait battu bravement, mais dans la lutte, le feu aurait pris sur le navire. Il y avait de la poudre à bord… Après une terrible explosion, le navire aurait sombré. Mortellement blessé, Barbe-Flamme se serait jeté à la mer, emportant son trésor avec lui.

Tu retiens ton souffle. Ton père poursuit :

– C'est en tout cas ce qu'un rescapé aurait raconté au frère du pirate. Celui-ci mentionne également un étrange code accompagné d'un texte obscur. Et la page se termine par : « Que celui qui décode ces lignes parte à la recherche du trésor de mon défunt frère. Puisse-t-il reposer en paix ! »

– Fascinant !

– Je savais que cette mission allait t'intéresser ! reprend ton père. Mais regarde donc ce code de plus près.

Au bas de la page, tu lis le « mot » suivant :

NZWZTZHXZI

– J'y suis ! t'exclames-tu. C'est sûrement le nom de l'endroit où le navire du pirate a coulé !

– Je pense la même chose, te confie ton père.

L'archiviste a déjà dû trouver la clef du code, car sur la page, il a griffonné : « alphabet inversé : A = Z ».

As-tu compris ?

Attention, pas le droit à l'erreur ! Dans quelle partie du monde devez-vous vous rendre ?

Tu crois qu'il faut mettre le cap sur les Antilles ? File en 94.
Tu penches pour l'océan Indien ? Va en 65.
Tu irais plutôt en mer Rouge ? C'est en 18.

3

Tu n'as d'autre choix que de renoncer aux prélèvements. Dommage !

Tu voudrais contacter tes collègues mais, pour une raison qui t'échappe, tu n'y parviens pas. Tu largues donc du lest et entames le voyage du retour.

Celui-ci se déroule sans problème… jusqu'à ce que tu approches de la surface et qu'une hausse de température se fasse sentir. Habituellement, c'est normal. Mais là, une défaillance dans le système de ventilation te plonge carrément dans une atmosphère suffocante. Te voilà au bord du coup de chaud !

Heureusement, tu émerges vingt minutes après et le médecin du bord te porte rapidement secours. Plus de peur que de mal, mais quelle remontée mouvementée !

Tu n'as pas complètement rempli ta mission mais tu as fait de ton mieux, et c'est déjà un superbe exploit ! Pour tenter de t'améliorer, retourne en 1 et recommence l'aventure !

4

Gabriel s'assoit sur la couchette tribord (à droite quand on regarde vers l'avant), ton père sur le siège central. Toi, tu refermes l'habitacle, puis rejoins la couchette bâbord (à gauche).

Une fois l'engin mis à l'eau, des plongeurs vous accompagnent les premiers mètres, puis vous vous enfoncez seuls dans les abysses. Tu allumes un projecteur et aperçois des poissons « haches d'argent », au gros ventre brillant, et de terrifiants poissons-vipères aux dents si longues qu'elles leur sortent de la bouche ! Tu remarques aussi une profusion de petits points blancs qui semblent tomber dans l'eau trouble.

– De la neige marine, t'informe Gabriel, constituée de particules d'animaux morts, d'algues ou de déjections. La faune des abysses s'en régale !

Peu ragoûtant... Mais concentre-toi ! Tu as éteint les lumières pour préserver l'énergie à bord, mais à l'approche du fond, combien de projecteurs souhaites-tu allumer ?

Un seul ? Rends-toi en 70.

Tous ? Va en 81.

5

– T'inquiète ! te rassure Irina, devinant ta frustration. Nos caméras vont filmer les rascasses pendant que je manœuvre.

Une fois en surface, comme aucune opération de maintenance n'est nécessaire, tu mets en charge les batteries du submersible et Irina te libère assez vite.

Au labo, tu retrouves Mathilde et Galathéa.

– Belle récolte ! te lance la géologue, occupée à scier des roches bleu-vert et orange que vous avez rapportées pour étudier leur composition.

Elle t'explique :

– Près des sources hydrothermales, les roches sont riches en sulfure et en chlorure de cuivre. Notre travail commence à peine et nous n'avons là qu'un minuscule échantillon, pour une zone donnée. Ailleurs, les abysses regorgent de minéraux et métaux très convoités comme l'or, l'argent, le titane, le nickel ou le platine.

Soudain, Mathilde t'apostrophe :

– Ça te dit de me donner un coup de main ?

Tu laisses Galathéa se concentrer sur son travail pour aider la biologiste à extraire de leur tube les petits animaux prélevés, ce qui demande beaucoup de doigté. Tu admires la précision avec laquelle elle décortique une crevette *Rimicaris* de 5 cm de long. Pas évident depuis un labo flottant !

– Je les trouve géniales ! te confie Mathilde. Les bactéries que ces crevettes abritent sous leur carapace les nourrissent en faisant passer des composés nutritifs à travers leur peau. Par ailleurs, elles semblent capables de s'orienter dans les eaux sombres alors qu'elles n'ont pas vraiment d'yeux.

C'est fascinant, mais l'odeur de poisson te donne la nausée !

Une fois le travail terminé, tu gagnes la cafétéria où t'attend ton père.

– Irina et Mathilde étaient ravies de votre mission, te rapporte-t-il. Si les conditions météo se maintiennent, j'aimerais que tu replonges, notamment pour prendre la température des fluides brûlants qui s'échappent des cheminées. Mais il te faudra veiller à ne pas t'approcher trop près !

Tu lui promets la plus grande vigilance et espères que le temps sera clément...

Pour savoir ce qu'il en est, rends-toi en 20.

6

Cent mètres plus haut, nouvelles émotions fortes ! Vous voilà encerclés par un banc de poissons en forme de cigare. Ils ne font pas plus de 50 cm de long et n'ont rien de très effrayant. Pourtant…

– Mince, des squalelets féroces ! gémit Mathilde. J'espère qu'ils ne vont pas nous attaquer !

Tu déglutis bruyamment et lui demandes :

– Que veux-tu dire ?

– Ces petits requins ont d'énormes dents, précise la biologiste. Ils peuvent s'en prendre aux submersibles.

Voilà qui n'est pas rassurant…

Soudain, un tapage se fait entendre au-dessus de vos têtes. Il te semble durer une éternité.

– Remonte en vitesse ! te presse Irina.

Une fois en surface, elle constate de profondes traces de dents sur le néoprène qui revêt le dôme du sonar*. Ces squales portent bien leur nom !

Pour clore votre mission, vous envoyez le *Tentacula* survoler le fond du canyon. Les données qu'il vous rapporte vous permettent de cartographier ce secteur avec précision.

Par ailleurs, les images et échantillons récoltés comblent vos collègues.

– Nous avons de quoi sensibiliser la communauté internationale sur ces milieux fantastiques qui gagneraient à être davantage protégés, conclut Mathilde.

Tu te rends compte ? Dix mille grands canyons sous-marins ont été recensés dans le monde, et toi, tu en as exploré un !

Mais toutes les bonnes choses ont une fin, et c'est le moment de quitter les rivages ensoleillés de Madagascar. En matière scientifique et historique, votre campagne est un beau succès. Vous rapportez en France des pièces culturelles exceptionnelles qui vous permettront, des mois après, d'organiser une exposition retraçant les grandes étapes de votre campagne et présentant les vestiges du navire de Barbe-Flamme.

Mission accomplie !
Peut-être n'as-tu pas découvert tous les trésors du pirate ? Quoi qu'il en soit, tu rentres chez toi des souvenirs plein la tête, rêvant déjà de ta prochaine expédition en mer…

7

Tu préviens le jeune stagiaire, qui doit avoir ton âge :

– Stop ! Surtout, ne va pas plus loin ! Ce robot ne supporte pas la pression* au-delà de 7 000 m.

Sage décision !

L'*Octopus*, qui descend jusqu'à 11 000 m, t'aurait sans doute permis de faire des découvertes plus fascinantes. Mais tu as su terminer ce test sans commettre d'erreur : c'est déjà bien !

Le soir est tombé et tu penses avoir bien mérité un petit moment de détente.

Rends-toi au **84**.

8

Décélérer à 7 000 m ? Il te reste près de 4 000 m à parcourir !

Réalisant soudain que tu n'as pas fait ce qu'il fallait, tu paniques, démarres les propulseurs et accélères. Mais ton engin bute sur une roche saillante. Impossible de lâcher du lest pour remonter ! C'est le blocage…

Des gouttes de sueur commencent à perler à ton front. Heureusement, le système de communication n'est pas endommagé. Tu informes donc illico la surface du problème et, par signal acoustique, tes collègues déclenchent le largage du lest. Ils te laissent toutefois le temps de prélever des échantillons d'eau et de roches.

Que d'émotions ! Tu n'as pas entièrement réalisé ta mission, mais tu remontes sain et sauf !

Tes collègues saluent ta performance et ne t'en veulent pas d'avoir paniqué dans le gouffre le plus impressionnant de la planète. Mais peut-être aurais-tu pu faire mieux ? Pour le savoir, retente ta chance en 1 !

9

Avec la manette 2, tu actionnes le bras mécanique pour collecter des sédiments*. La manette 3, elle, déclenche le système de prélèvement d'eau, car tu souhaites rapporter des bactéries à Gabriel et Mathilde. Des analyses génétiques leur permettront de comprendre comment elles résistent à la pression*.

Soudain, une crevette passe devant ton hublot et l'émotion te noue la gorge comme si un monstre légendaire avait surgi sous tes yeux ! Tu manipules aussitôt la commande 4 pour récupérer la petite bête sans lui faire de mal.

Ne reste qu'à revenir en surface !

Tu jettes un dernier coup d'œil par le hublot, puis tu lâches du lest. Pour éviter les secousses, tu déploies également un stabilisateur qui ressemble à une petite aile d'avion. Ainsi, tu remontes en douceur…

Tu émerges soixante-neuf minutes plus tard. Un temps record !

Le commandant, ton père et tous tes collègues te félicitent chaleureusement. Les compliments d'Irina en particulier te vont droit au cœur, car elle aurait pu être à ta place et récolter tous les honneurs.

– Tu réalises que tu es dorénavant le plus jeune pilote de l'histoire à avoir touché le plancher du monde ? te souffle Mathilde qui se fait un plaisir de te prendre en photo devant le *Dumbo*, faisant le V de la victoire.

C'est la fête à bord, ce soir-là ! Évelyne, qui vous a gâtés comme des enfants durant toute l'expédition, se surpasse. Filet mignon, champignons, petits légumes, fromage moelleux et, pour finir, un saladier de mousse au chocolat ! Vous partagez un moment très convivial et Liam accepte même d'ouvrir une bouteille de champagne, ce qui est exceptionnel à bord d'un navire !

Les jours suivants, les demandes d'interviews pleuvent. Mais tu n'oublies pas que ton odyssée n'est qu'un aspect de votre mission scientifique. Au-delà de ta fierté personnelle, quel plaisir ce fut d'avoir contribué à faire progresser les connaissances sur le plus grand gouffre du monde aux côtés d'une formidable équipe de passionnés !

Exploit validé et… mission accomplie ! Bravo !

10

Le lendemain…

– Nous partons pour l'archipel des Açores ! déclare ton père à l'équipe rassemblée.

Des murmures satisfaits traversent la salle. Mais déjà, il enchaîne :

– Explorée pour la première fois en 1974, la dorsale* médio-atlantique est une chaîne de montagnes essentiellement sous-marine, au cœur de l'océan. D'une largeur pouvant atteindre 1 500 km, elle s'élève à environ 3 km au-dessus de la plaine abyssale*. Aux Açores, la dorsale émerge par endroits sous forme d'îles volcaniques. Dans cette région très active, la diversité des écosystèmes* qui prospèrent autour des sources chaudes (ou sites hydrothermaux) est encore méconnue.

Plusieurs jours après, vous atteignez le premier site qui vous intéresse, Menez Gwen, profond de 800 m. Ton père te propose de l'explorer en tant que copilote.

– Si tu te montres à la hauteur, conclut-il, tu seras pilote la prochaine fois.

Voilà de quoi te motiver !

Des cartes bathymétriques (du relief sous-marin) ont été réalisées à Menez Gwen et sur les sites alentour au cours de précédentes missions. Avec Irina, qui va piloter votre engin, et Mathilde, votre scientifique embarquée, tu devrais donc trouver facilement les sources pour étudier les roches, la faune et la flore qui les entourent.

Avant de prendre place sur le siège central du *Gouvernail* – seul engin à votre disposition qui convient pour ce type de mission –, tu vérifies l'état de l'équipement. C'est la tâche qui te revient en tant que copilote, avec la surveillance de la position du submersible et de la qualité de l'air.

Une fois dans l'océan, le *Gouvernail* s'enfonce au rythme de 70 cm par seconde. Absorbée par l'eau, la lumière du soleil diminue progressivement. À 200 m de profondeur, c'est déjà la nuit noire et Irina allume un projecteur.

Soudain, tu frissonnes. Tu consultes le capteur de température qui t'indique 11 °C.

Souhaites-tu enfiler des vêtements chauds, en 93, ou bien proposer d'allumer le chauffage, en 35 ?

11

– Irina, tu peux manœuvrer pour qu'on puisse les filmer de près ? demandes-tu à la pilote.

– Ce serait formidable, murmure Galathéa, mais n'est-ce pas dangereux ?

Très émue, le nez rivé au hublot, la pilote hésite…

– C'est risqué, oui, confirme-t-elle. Le *Gouvernail* fait 17 tonnes mais ce cachalot doit en faire entre 30 et 40 ! Ces animaux sont curieux. Si celui-ci nous remarque et charge…

Elle soupire et conclut :

– Profitons du spectacle avant qu'il ne soit trop tard !

Galathéa n'insiste pas. Elle a déjà reporté toute son attention sur les deux géants des mers.

Toi, ça te démange. Des plans rapprochés impressionneraient vivement vos collègues et toute la communauté scientifique…

Tu peux te ranger à l'avis d'Irina, en 86, ou insister, en 32.

12

Vous remontez encore deux canons et l'impressionnante figure de proue, après l'avoir allégée de l'eau qu'elle contenait par pompage. Vous récupérez aussi des fragments de charpente, dont l'examen permettra de déterminer l'âge de l'épave, et des données nécessaires à sa cartographie.

Dernière étape de la mission ? Passer au peigne fin la plaine abyssale*.

À bord du *Gouvernail*, Mathilde, Irina et toi découvrez des milliers de nodules, des roches rondes riches en particules métalliques que tu prélèves avec parcimonie, ainsi que d'étranges limaces jaunes qui rampent au milieu d'elles. Ces concombres de mer ratissent le fond à la recherche de restes d'animaux morts ou de petits organismes dont ils se nourrissent.

Maintenant, tu peux bifurquer en **23**, vers une zone au relief escarpé découverte lors de vos relevés bathymétriques. Ou continuer en terrain plat, au-delà du champ de nodules, en **59**.

13

– Avant de plonger, mieux vaut en savoir plus sur le relief du fond, te fait remarquer ton père. C'est plus prudent.

C'est vrai, tu n'y avais pas pensé…

En utilisant le sondeur multifaisceau du *Tentacula*, vous établissez une carte du fond autour de l'épave.

La veille du jour prévu pour l'exploration, ton père te prévient :

– Demain, sois sur le pont à 8 heures !

– Pas de problème ! assures-tu.

Ce soir-là, pour marquer la fin de semaine à bord, Évelyne vous a préparé un bon dîner. Le repas se termine plus tard que d'habitude. Le ventre rempli, tu te lèves de table en bâillant, mais Galathéa te lance :

– Je passe au salon avec les autres. Ça te dit une partie de ping-pong ?

Super, un peu de détente !

Tu acceptes avec plaisir, en 79.

Tu préfères refuser poliment, en 24.

14

Les héros ne font pas de crise d'angoisse, si ? Tu n'en sais rien, en fait… Mais tu n'as aucune envie de paniquer dans la dernière ligne droite ! Si le self-control n'est pas ton fort, tu as énormément travaillé ces derniers mois, apprenant à contrôler tes émotions et le rythme de ta respiration. Grâce à quelques exercices, tu parviens ainsi à faire le vide dans ta tête, à calmer les battements de ton cœur qui tambourine et à retrouver tous tes moyens.

Ouf, ça va mieux ! Tu peux maintenant t'occuper de collecter des échantillons pour tes collègues scientifiques, en 9.

15

– J'étais sûre que tu le savais ! te félicite Galathéa. Contrairement aux poissons de surface, ceux des abysses sont souvent dépourvus de vessie natatoire, un organe de l'abdomen rempli de gaz qui se comprime avec la profondeur et permet de flotter. Nombre d'entre eux ont un corps essentiellement liquide ou gélatineux, pratiquement insensible à la pression*.

– Tiens, puisqu'on en parle, ajoute Gabriel, il faut que tu saches : si tu descends du matériel sous l'eau pour réaliser une expérience, vas-y lentement. Les instruments d'étude sont fragiles et doivent s'adapter à l'augmentation graduelle de la pression. Sinon, ils pourraient imploser.

– Souviens-t'en ! conclut la géologue.

Tu as encore appris quelque chose ! Tout cela fait beaucoup d'informations, mais ça te sera sûrement utile... Pour le moment, suis tes collègues en salle de réunion, en 30.

16

– Hum… fait ton père. Ce n'est pas le meilleur choix pour cette mission, mais pourquoi pas ?

Avec l'aide des techniciens, tu pilotes l'engin depuis le navire de surface sans commettre d'erreur. Tu observes et collectes des spécimens fascinants de crevettes, coraux et poissons. Aucun d'entre d'eux n'est observé pour la première fois, mais ces résultats sont encourageants.

– Nous sommes arrivés à près de 7 000 m, constate un technicien stagiaire. Devons-nous descendre au-delà ?

À toi de lui répondre !

Si tu penses que oui, file au 33 pour poursuivre la descente.
Si tu préfères arrêter là ton exploration, rends-toi au 7.

17

Quel sens de l'observation ! Il s'agit bel et bien d'une lézarde…

Est-ce que les techniciens l'auraient repérée avant ta plongée si tu avais commis l'erreur de ne pas en parler ? Tu ne le sauras jamais, mais ta vigilance t'a sans doute sauvé la vie !

Peut-être l'ignorais-tu : des améliorations avaient été apportées au *Diable noir* à la suite d'une défaillance. Par ailleurs, l'engin n'avait jamais été testé au-delà de 9 800 m et n'était donc pas le meilleur candidat pour cette mission.

Si tes nerfs sont en train de lâcher, courage ! Il est un peu tard pour reculer. Tu as fait un choix, tu dois aller au bout !

Iras-tu sur le plancher du monde avec le *Dumbo* ou avec le *Gouvernail* ? Si tu optes pour le *Dumbo*, rends-toi en 42. Si tu préfères le *Gouvernail*, va en 75.

18

– Rouge comme la barbe du pirate ? plaisante ton père. Hum… Ça aurait pu ! Mais le mot à décrypter était « Madagascar », et cette île se situe au sud de l'Afrique, pas dans la mer Rouge, même si celle-ci longe une partie de la côte africaine.

Tu n'as pas su trouver l'endroit vers lequel diriger tes recherches. Ton père considère donc que tu ne seras pas non plus capable de guider l'équipage dans cette aventure…

Dommage, cette mission était à ta portée. Mais tu as encore l'occasion de partir explorer la fosse* des Mariannes, en **50**, ou les sources chaudes qui s'égrènent le long de la dorsale* médio-atlantique, en **10**. Bonne chance !

19

À l'avant, vous repérez l'ancre du galion. Derrière la cale apparaissent les sabords, les ouvertures pratiquées dans la coque pour passer les têtes des canons. Au bout du navire, vos projecteurs illuminent le balcon du gaillard arrière, décoré de riches sculptures de bois qui devaient être superbes. C'est ici que se trouve la cabine de Barbe-Flamme, mais impossible d'y accéder en submersible. Sur le pont, quoique rongée par la vermine, la roue du gouvernail est encore identifiable.

Le long de l'autre flanc du galion, d'innombrables morceaux de bois ainsi que des os jaunis à moitié enfouis jonchent la vase.

– Il faudra revenir fouiller, lances-tu à Margrit et Irina qui filment et prennent des photos.

Tu as encore le temps de survoler le pont, en 37, ou de pénétrer dans la brèche, en 48. Si tu as déjà fait tout cela ou si tu préfères remonter, rends-toi en 80.

20

Liam a mis le cap sur votre prochaine étape : Lucky Strike. Vous atteignez dans la nuit ce site beaucoup plus profond (1 700 m) que Menez Gwen.

Le lendemain, frais et dispos, tu montes sur le pont et remplis tes poumons d'air marin. Le temps est au beau fixe et ton père t'apprend que tu peux repartir en exploration. Aux commandes, cette fois ! Il a décidé de te faire confiance : à toi maintenant de montrer qu'il a bien fait ! Il t'accompagnera, en tant que copilote, avec Gabriel qui sera votre « science ».

Au moment de prendre place dans le *Gouvernail*, tu ressens une envie pressante d'aller aux toilettes… On va rire de toi si tu y vas à la dernière minute, non ?

Que décides-tu ?

Tu files quand même aux toilettes, qui se trouvent en **88** ? Ou bien, tu estimes que tu peux te retenir et tu embarques tout de suite, en **4** ?

21

Tu as terriblement envie d'aller aux toilettes ! Ça ne t'a pas empêché d'effectuer tes prélèvements d'une main sûre, mais impossible de te retenir plus longtemps. Alors tu mets ton orgueil de côté et tu fais pipi dans un flacon. Car c'est le seul moyen disponible à bord en cas de besoin pressant !

Une fois de retour, pour te faire oublier ta petite mésaventure qui les a bien fait rire, lui et Gabriel, ton père te dit :

– Dans deux jours nous serons à Rainbow, un site situé à 2 300 m sous la surface. Je te propose de replonger, comme copilote. Avec Irina et Galathéa. Ça te dit ?

Et comment ! Cette nouvelle opportunité t'enchante.

Les deux jours filent comme une fusée. Ta nouvelle exploration t'attend déjà en 67.

22

Tu largues du lest (des sacs remplis de billes de plomb, la grenaille) et vous commencez à remonter.

Vers 1 300 m, une créature de 3 m de long, arborant une protubérance pointue entre les yeux, passe devant ton hublot. Par chance, tu avais laissé un projecteur allumé ! Soudain, sa mâchoire s'abaisse, se déforme démesurément et elle gobe un gros poisson sous votre nez.

– Un requin-lutin ! s'exclame Gabriel. André, les caméras fonctionnaient correctement ?

– Affirmatif, confirme ton père. J'ai les images !

Ce glouton des profondeurs t'a glacé le sang. Mais quel spectacle ! Vous rapportez donc de superbes spécimens et des images pour le blog de la mission.

Prochaine destination ? Rainbow, un site profond de 2 300 m.

C'est maintenant ! Embarque comme copilote aux côtés d'Irina et Galathéa, en 67.

23

Impressionnant, ce canyon ! Alors que tu descends dans cette gorge sous-marine qui entaille la plaine sur plus de 1 000 m et héberge une foule d'espèces, un flot de sédiments* se déverse brutalement vers le fond. Le cœur battant, la vue brouillée par les nuages vaseux, tu remontes au plus vite. Remerciez votre bonne étoile d'être indemnes !

Sur le chemin du retour, vers 3 000 m, vos frayeurs se poursuivent avec la visite d'une épouvantable baudroie qui se plaque contre ton hublot. Elle est couverte de filaments ultrasensibles qui produisent de la lumière (Mathilde t'informe que cela s'appelle la bioluminescence*) et détectent le moindre mouvement. Pratique pour chasser dans le noir des abysses !

Poursuis ta remontée en 6.

24

Un peu de divertissement ne serait pas de refus. Pourtant…

– Pardon, mais je tombe de fatigue, avoues-tu à la géologue. Demain, il y a l'exploration et…

Galathéa te prend par les épaules.

– Tu as raison, te répond-elle avec un clin d'œil. C'était bête de ma part. Tu dois absolument être en forme pour ta mission. Fais de beaux rêves !

Tu files en cabine et ne tardes pas à t'endormir.

Le lendemain, tu es frais et dispos pour la première mission de reconnaissance.

Monte donc sur le pont, en 68.

25

Une précédente mission menée à Lost City (700 m) avait été interrompue en raison de mauvaises conditions météo. Les données concernant le type de cheminées présentes sur le site et la faune bactérienne qu'elles hébergent sont donc incomplètes.

Tu pars à bord du *Gouvernail* avec ton père et Gabriel. Pour mieux appréhender le terrain, vous consultez une carte 3D du relief profond du secteur, précédemment réalisée. Vous choisissez de vous concentrer sur un vaste champ d'une trentaine de cheminées. Tandis que vous évoluez entre elles, tu comprends pourquoi ce site a évoqué à ses découvreurs une ville engloutie (en anglais *lost city* signifie « cité perdue ») : ici, les cheminées atteignent 60 m de haut !

Les échantillons d'eau et de sédiments* que vous rapportez permettent à Galathéa et Gabriel de comprendre que ces fumeurs dits « blancs » crachent des fluides moins chauds et beaucoup plus riches en hydrogène et en méthane que les fumeurs noirs. Faits de carbonate de calcium, ils sont également bien plus hauts et parfois vieux de plusieurs milliers d'années !

– Avec ces données, il sera peut-être possible d'en apprendre plus sur l'apparition de la vie sous l'océan, se réjouit Gabriel.

Liam vous mène ensuite jusqu'à Snake Pit, profond de 3 600 m et situé plus au sud, entre Gibraltar et la Caroline du Nord.

Vers 2 000 m, tu prends une sorte de courgette phosphorescente (*Beroe cucumis*) en flagrant délit de cannibalisme ! Surtout, 1 000 m plus bas, vos caméras immortalisent un grand-gousier, un poisson qui possède une queue effilée, une bouche gigantesque et de petits yeux glaçants. Un curieux mélange d'anguille et de pélican, selon toi.

À votre retour, Mathilde est « verte » ; elle rêvait de croiser cette créature de cauchemar ! Malheureusement, vous n'avez pas pu remonter ce spécimen, qui n'aurait pas survécu aux changements de pression*.

Tu comprends sa déception : ce n'est pas donné à tout le monde d'observer ces créatures fascinantes. Toi, tu as eu la chance de terminer ta mission en leur compagnie !

Rends-toi en 57.

26

Malheureusement, ce n'est pas ce qu'il fallait faire… En procédant ainsi, à 2 000 m, le micro éclate. Pourquoi ? Plus tu plonges profondément, plus la pression* augmente. Il fallait y aller lentement mais sûrement pour laisser au matériel le temps de s'adapter.

– Tu m'avais assuré que tu savais comment faire ! te rabroue ton père. À cause de ta négligence, nous n'avons plus d'instrument d'étude pour ramener des données et faire progresser nos connaissances.

L'équipe n'a plus confiance en toi, et, de toute façon, en tant que chef de mission, ton père t'écarte des opérations finales, qu'il juge trop périlleuses pour un amateur. Dommage pour toi…

Pour tenter de finir ta mission en beauté, cette fois, retourne donc en 1 !

27

Tu augmentes la vitesse quand soudain… *Bing !* Quelle secousse ! Le submersible a touché le fond et des nuages de sédiments* obscurcissent bientôt ton hublot. Mais il y a plus grave. Tu as vu jaillir plusieurs étincelles dans l'habitacle. Catastrophe ! Les circuits électriques qui couvrent l'intérieur de la cabine ont pris feu ! Réagis vite avant que le dispositif de pompage de l'oxygène n'attise l'incendie. Car cette fois, il s'agit de sauver ta vie…

Tu n'as que quelques secondes pour faire le bon choix !
Contacte immédiatement la surface, en **87**, ou jette-toi sur l'extincteur qui se trouve en **52**.

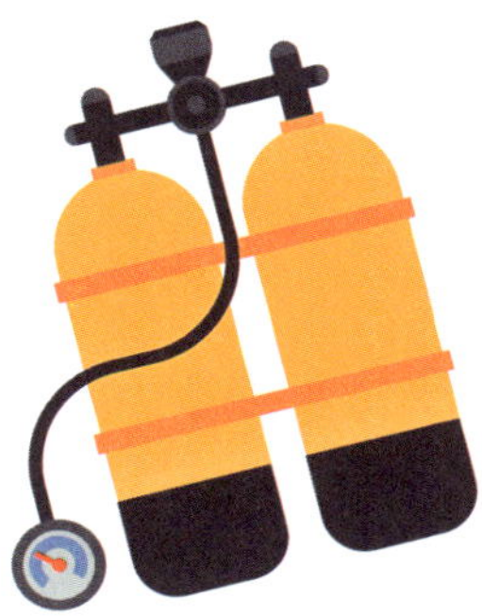

28

Le jour prévu pour ton voyage vers les grands fonds, la houle est forte et vous devez renoncer. Ton stress retombe brutalement. Mais la veille de l'expédition arrive et les craintes les plus archaïques s'emparent à nouveau de toi. La nuit, tu rêves qu'un poulpe géant tapi dans l'ombre renverse ton engin, qui explose. Tes peurs sont naturelles, mais un mauvais pressentiment te met mal à l'aise…

Le jour J, tu aides les techniciens à procéder aux dernières vérifications. Ta nervosité te pousse à inspecter chaque centimètre carré de l'engin.

Alors que tu examines l'unique hublot du submersible, tu remarques une fine rayure, à peine perceptible. Est-ce une lézarde ou une simple trace ?

Tu penses que si c'était grave, les techniciens t'en auraient parlé ? Rends-toi en 36.
Si tu veux quand même leur signaler, va en 17.

29

Une excursion ? Tu pars pour effectuer des travaux scientifiques, pas pour un voyage d'agrément ! Et puis, à bord d'un voilier, tu pourrais prélever des échantillons d'eau de mer pour évaluer le niveau de pollution de l'océan ou étudier les taux de méthane et de dioxyde de carbone pour mieux comprendre le réchauffement climatique, par exemple. Mais pour explorer les abysses, tu as besoin de robots et/ou de submersibles, du matériel lourd et encombrant. D'ailleurs, un voilier serait un peu petit pour héberger toute l'équipe…

Non, il te faut un navire beaucoup plus gros. Mais lequel ?

Tu penses qu'il s'agit d'un navire hauturier ? Va en 49.
Tu penches plutôt pour un bathyscaphe ? Rends-toi en 38.

30

Quand tout le monde est rassemblé, tu fais connaissance avec Évelyne, votre chef cuisinier, ainsi qu'avec les membres de l'équipe que tu n'as pas encore rencontrés. Ton père prononce quelques mots de bienvenue et rappelle à tous que la destination et les objectifs de la mission seront fixés très bientôt. Puis, il enchaîne avec un rappel des consignes de sécurité. Mathilde t'aide à enfiler ta combinaison de survie orange vif qui tient de Bibendum et de Casimir. On a vu plus élégant !

Ton père t'explique :

– En situation de détresse, cette tenue mastoc et étanche te permet de flotter dans l'eau et de maintenir pendant plusieurs heures la température de ton corps au-dessus du seuil vital. Ainsi, même au milieu de l'océan, tu ne souffriras pas du froid en attendant les secours.

– Rassure-toi, ajoute Mathilde, il y a peu de risques qu'on y ait recours. Mais à bord d'un navire, il est primordial de se préparer à toute éventualité !

Ton père termine sa présentation en vous distribuant des tickets numérotés.

– Des chaussures antidérapantes à votre pointure vous attendent au vestiaire, vous informe-t-il. Pensez à récupérer votre paire !

Le reste de la journée file à une vitesse folle. Tu aides l'équipage à installer les instruments d'exploration dans les différents laboratoires et à vérifier leur bon fonctionnement.

Après un dîner revigorant concocté par Évelyne, une mauvaise nouvelle tombe : des cumulonimbus, de gros nuages, ont été repérés sur l'écran radar. C'est un cyclone en formation ! Tout l'équipage suit avec appréhension son évolution et sa trajectoire.

Bientôt, la température chute brutalement.

Que fais-tu ?

Tu passes tout de suite au vestiaire, en 89 ?
Tu préfères monter sur le pont pour observer la situation en direct ? Rends-toi en 54.

31

– Utilisons le *Tentacula* ! proposes-tu, recueillant l'approbation générale.

Utilisé entre autres pour l'archéologie sous-marine, le sondeur multifaisceau est un système acoustique qui permet d'obtenir des relevés topographiques du relief sous-marin (bathymétrie), et des images sonar* qui vous renseignent sur la profondeur, la nature du fond (sable, roches…) et les obstacles (rochers, débris…) présents sur des kilomètres. Enregistrées par voie numérique, les données sont traitées par logiciel.

Que révèle la carte obtenue ? Pas d'obstacles dans le secteur mais une zone très escarpée, creusée d'une large vallée sous-marine. Intrigués, vous vous promettez de l'explorer à l'avenir.

Le lendemain, la phase d'exploration commence. Comment t'imagines-tu procéder ? En descendant dans les abysses en scaphandre, en **91** ? Ou en optant à nouveau pour un submersible, en **68** ?

32

Quand tu as une idée en tête… Tu insistes tant que Galathéa et Irina sont gagnées par ton fol enthousiasme. La pilote se rapproche un peu des mastodontes. Trop, malheureusement… Sa manœuvre a attiré l'attention du cachalot qui vient de porter le coup fatal au calamar. Intrigué par le *Gouvernail*, il file droit sur vous et, de sa grosse tête carrée qui contient à elle seule 2 tonnes de graisse, enfonce votre submersible. Propulsé à travers les abysses comme une vulgaire balle de ping-pong, votre submersible s'écrase contre de gros rochers. Vos hublots se fendillent et l'eau s'engouffre en une fraction de seconde dans la cabine. Mais vous êtes déjà morts…

Dommage d'avoir pris un tel risque, non ? Retourne en 1 pour tenter de connaître une fin moins tragique.

33

Le véhicule se trouve à 7 150 m sous l'eau quand tu perds tout contact avec lui. Impossible de renouer la communication…

Apprenant ce qui s'est passé, ton père s'alarme :

– Mais qu'est-ce qui t'a pris ? Le *Tentacula* ne descend pas au-delà de 7 000 m, tu devrais le savoir !

Tu te sens très mal à l'aise, d'autant que des plongeurs partis en reconnaissance vous informent bientôt qu'ils ont retrouvé des débris flottants…

– Avec ce robot, nous devions recueillir des images et des échantillons pendant des semaines, reprend ton père. En plus, Irina vient de me signaler qu'une pièce de l'*Octopus* est défectueuse. Impossible de la changer dans l'immédiat. Je n'ai d'autre choix que d'annuler la mission…

Soit la mémoire t'a fait défaut, soit tu as manqué d'ambition en optant pour le *Tentacula*. Dans tous les cas, tu as déçu les attentes que l'équipe avait placées en toi. Pour tenter à nouveau ta chance, retourne en 1.

34

Tu déploies le bras du submersible pour prendre la température du fluide.

Verdict ? 320 °C !

– L'eau est à plus de 100 °C et elle ne bout pas, remarques-tu. C'est bizarre, non ?

– Elle ne se transforme pas en vapeur parce que les gaz se dissolvent sous l'effet de la pression*, t'explique Gabriel.

En suivant ses indications, tu récoltes ensuite lombrics et crabes qui pullulent aux alentours des fumeurs.

– Tu t'en sors très bien, admet ton père, une fois tes prélèvements terminés.

– Regarde toutes ces crevettes rose et blanche sur les parois des cheminées, te souffle Gabriel. Il y en a des dizaines de milliers ! Je te laisse récupérer des spécimens pour Mathilde ?

C'est encore à toi de jouer !

Quel instrument vas-tu employer ?

Tu optes pour la pince du bras télémanipulateur, en 96 ?

Ou pour l'aspirateur à faune, en 74 ?

35

– On pousse un peu le radiateur ? dis-tu, l'air de rien.

– La température est anormale ? s'inquiète Irina.

– Euh… Il fait 11 °C.

– RAS, conclut-elle. Si tu as froid, tu sais où trouver un pull.

Tu ne viens pas de marquer des points…

Une fois sur la dorsale*, tu découvres les fameuses sources, de gigantesques cheminées crachant de l'eau sombre, très chaude, chargée de gaz. On les surnomme « fumeurs noirs ».

Scrutant le paysage, Mathilde repère des panaches colorés : ce sont des gorgones, une espèce de corail qui prolifère ici. Irina manœuvre pour effectuer quelques prélèvements et tu suis chacun de ses gestes. Mais bientôt, tu bâilles…

Cette soudaine fatigue n'est pas normale : tu as oublié de contrôler la qualité de l'air et il y a un problème !

L'oxygénomètre et le carbonimètre indiquent 21 % d'oxygène et 3 % de dioxyde de carbone.

Tu penses qu'il n'y a pas assez d'oxygène ? Corrige le tir en **73**.

Tu crois qu'il y a trop de dioxyde de carbone ? Rétablis la situation en **64**.

36

Dans une mission aussi périlleuse, il ne doit pas y avoir de place pour le doute… Tu ne fais pas part de ton observation, oubliant un peu vite que les techniciens, eux, ne vont pas descendre dans les profondeurs des abysses… Ils sont moins nerveux et donc moins attentifs que toi au moindre détail, malgré le travail formidable qu'ils réalisent. Ils n'ont pas repéré la fêlure naissante dans le verre.

Tu te trouves aux alentours de 8 500 m quand le hublot se lézarde, puis éclate brutalement. Tu as à peine le temps de pousser un cri que te voilà en bouillie…

Si cela peut te consoler, dis-toi que ton nom figurera dans les annales de l'océanographie...

Pour tenter de connaître une fin plus heureuse, retourne vite en 1. Et souviens-toi que l'on n'est jamais trop prudent.

37

Le mât de misaine et le grand mât se sont brisés, mais, à l'arrière du vaisseau, celui d'artimon est toujours debout. Sabre ou pistolet à la main, des squelettes gisent sur le pont et des crânes jaunis ont roulé aux étages inférieurs. Gorge nouée, vous survolez ce champ de bataille silencieux qui colle parfaitement avec le journal du frère du pirate.

Grâce aux bras articulés du submersible, tu saisis des armes et d'autres objets difficilement identifiables car entièrement dévorés par des dépôts rigides. Tu places le tout dans le panier à prélèvements, à l'avant du *Gouvernail*. Une fois qu'il est plein, vous le faites remonter grâce à un flotteur.

Maintenant, fais le tour du navire, en 19, ou engouffre-toi dans la brèche, en 48. Tu l'as déjà fait, ou tu préfères en rester là ? Fonce en 80.

38

Eh non ! Un bathyscaphe est un ancien engin de plongée en grande profondeur. Le premier de ces dirigeables sous-marins a été conçu en 1948 par le Suisse Auguste Piccard. Sa lourde cabine sphérique en acier ne pouvait accueillir que deux ou trois passagers. Tu n'aurais pas pu embarquer une vingtaine de personnes là-dedans ! Difficiles à remorquer, ces engins ont, depuis, été remplacés par des submersibles plus maniables. Par ailleurs, ils étaient destinés à des expéditions sous-marines. Au cours de ta mission tu auras l'occasion d'explorer les grands fonds, mais tu n'es pas encore dans les abysses, un peu de patience ! Là, tu pars en campagne à bord d'un plus grand navire.

Pour le découvrir, rends-toi au 49.

39

Finalement, tout le monde a réussi à se mettre à l'abri. Le commandant vous explique qu'il a manœuvré pour éloigner votre navire de la zone dangereuse. En raison de la force du vent et des vagues, il a, par ailleurs, interdit l'accès à certaines zones du pont.

Pendant des heures qui te semblent interminables, tu es sur le qui-vive tandis que les techniciens s'affairent pour régler des problèmes techniques qui affectent le bon fonctionnement des moteurs. Heureusement, la mer finit par se calmer et tout rentre dans l'ordre. Quel soulagement !

Ce soir-là, quand ton père te rejoint en cabine, il t'annonce :

– Demain la mission va réellement commencer. Et c'est toi qui vas décider de notre destination.

Ça alors ! Une bouffée de fierté t'envahit… mais c'est aussi une immense responsabilité qui tombe sur tes épaules.

– Tu dois encore parfaire tes connaissances, constate ton père, mais tu as suivi un entraînement rigoureux et tu sais piloter. Tu ne me décevras pas, j'en suis sûr.

Il a trois propositions à te faire.

Veux-tu partir vers le Pacifique pour la fosse* des Mariannes, le gouffre connu le plus profond, en **50** ?

Voguer vers l'Atlantique à la découverte des sources sous-marines, en **10** ?

Ou préfères-tu tenter de retrouver les vestiges d'un navire pirate, en **2** ?

40

– Notre AUV* ? s'étonne Irina. Nous n'en avons pas…

Oups, la bourde ! Pour cette fois, personne ne t'en tient rigueur, mais si tu ne veux pas passer pour un amateur, remets un peu d'ordre dans tes connaissances et lance maintenant une idée qui tienne la route. Voyons, voyons… Concentre-toi.

Vas-tu proposer d'utiliser votre robot hybride, en 85, ou votre ROV, en 31.

41

Pendant que tu te rapproches des fluides bouillants, Gabriel commente vos dernières découvertes géologiques. Ton père, lui, est occupé à réguler la concentration de CO_2 dans l'habitacle. Ils ne se rendent pas compte que tu t'avances trop… Quand les hublots en plexiglas commencent à noircir, tu effectues les bonnes manœuvres pour t'éloigner, mais il est trop tard. Le verre est fichu.

Tu t'en mords les doigts, car vous n'avez pas d'autre submersible à trois places…

Furieux de t'avoir fait confiance, ton père refuse de te confier d'autres responsabilités et préfère laisser les professionnels gérer la suite de la mission.

Ton aventure s'achève ici. Retourne en 1 et, cette fois-ci, veille à faire de meilleurs choix !

42

Tu le sais peut-être, le *Dumbo* a été testé avec succès par 10 500 m de fond. C'est le submersible le plus sûr pour cette mission. Et puis un engin qui porte le nom de l'éléphant de Disney te paraît de bon augure…

Le jour J, tu fais quelques exercices de gymnastique pour détendre tes muscles et évacuer les tensions. La mer est calme et les conditions optimales.

Le submersible n'est pas équipé de thermostat pour réguler la température de l'habitacle. Tu mets donc un T-shirt léger pour être à l'aise, puis tu enfiles une veste antifeu. Tu emportes aussi un pull, car tu auras froid bien avant d'atteindre 11 000 m.

Avant que tu ne prennes place dans le submersible, où tu seras à l'étroit, ton père te rappelle les consignes de sécurité et les manœuvres principales :

– Souviens-toi, à l'approche du fond, allume tes projecteurs, lâche du lest, démarre les propulseurs et décélère.

Tu vérifies toi-même que tout est en ordre : les manettes 2, 3 et 4 pour effectuer les prélèvements, les caméras qui filmeront ce qui t'entoure, les projecteurs au-dessus de ta cabine pour éclairer l'obscurité des abysses, le fonctionnement des commandes, le système de communication avec la surface…

Quand tu as terminé, l'équipe te souhaite chaleureusement bonne chance. Tu serres ton père dans tes bras, puis les techniciens qui s'affairent depuis plusieurs heures t'enferment dans la cabine de pilotage, large de 1 m seulement.

Te voilà aux commandes ! Une grue largue le *Dumbo* dans l'océan et ton odyssée commence.

Rythme de descente : 149 m par minute.

Tu respires à fond et évites de penser au poids de l'eau au-dessus de toi…

Vers 4 000 m de fond, tu t'apprêtes à enfiler ton pull quand tu aperçois une superbe méduse lumineuse. Dans l'immensité de l'océan, la faune n'est pas très dense. En plus, ton hublot est petit. C'était inespéré !

Te voilà maintenant à 7 000 m.

Veux-tu larguer du lest, en 8 ?

Tu peux aussi ne rien faire de spécial pour le moment, en 63.

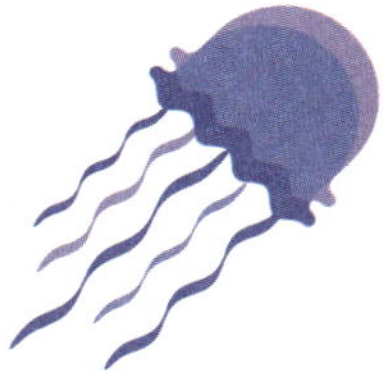

43

Tu t'accroupis, baisses la tête et t'accroches fermement au câble. Quand la vague s'écrase sur le pont, l'eau te fouette violemment tout le corps, mais tu tiens bon pour ne pas te laisser emporter par les flots.

Tu as pris une bonne douche, mais tu n'as pas de blessure ! Tu te promets à l'avenir d'éviter les risques inutiles.

Inquiète, Mathilde revient vers toi en courant. Elle est soulagée que tu n'aies rien. Pour éviter de prendre froid, tu files en cabine te sécher et passer des vêtements chauds. Puis tu retrouves la biologiste à la cafétéria.

Là, vous prenez un bon grog pour vous remettre de vos émotions. Vous partez ensuite aux nouvelles, en 39.

44

Te souvenant du récit de la page du journal, tu argumentes auprès de l'équipe :

– Si le pirate s'est bien jeté à la mer en emportant son trésor, celui-ci doit se trouver près de son corps, donc à l'extérieur du navire.

– Logique ! lance Margrit. On te suit !

Votre robot explorateur est relié au *Narval* par un ombilical qui assure son alimentation électrique. L'engin te transmet des images vidéo qui te permettent de le piloter, avec l'aide d'Irina, depuis le poste de commandement scientifique du navire.

Après plusieurs heures d'exploration acharnée, tu es en train de manipuler le robot pour qu'il remue la vase près d'un squelette, quand un coffret en bois apparaît sur vos écrans. Tu actionnes les doigts du robot pour qu'il le saisisse, puis le dépose dans le panier à prélèvements, que tu remontes à la surface.

C'est l'excitation à bord !

Quand tu rejoins Margrit au laboratoire, elle rayonne.

– À toi l'honneur ! lance-t-elle en te présentant le coffret.

Tu saisis ta trouvaille, les mains tremblantes.

En l'examinant de plus près, tu remarques qu'il n'y a pas de serrure mais que le bois est orné d'une figure en étain qui représente le légendaire calamar géant de la mythologie scandinave. Ses yeux sont deux rubis et ses tentacules devaient être recouverts de feuille d'or.

– Sublime… murmures-tu. Mais comment l'ouvrir ?

Tous les membres de l'équipe se rassemblent autour de toi.

– Étrange, en effet… dit Mathilde, en observant la créature des mers.

Réfléchis bien. N'aurais-tu pas déjà entendu parler de ce monstre mythique ?

Convertis chaque lettre de son nom selon le code A = 1, B = 2, C = 3, etc., et rends-toi au chapitre qui correspond à la somme de tous les chiffres.

Si tu ne t'en souviens pas, malgré tous tes efforts le coffret gardera ses secrets ! Poursuis ta mission, en 12.

45

Sous le pont principal, un portique permet la mise à l'eau du gigantesque engin. Relié par un câble, le tube d'acier de plusieurs mètres de long est descendu dans la mer, à la verticale. Le carottier plonge à des milliers de mètres avant de s'enfoncer dans les couches de sédiments*.

La mission de récupération de la carotte attire toute l'équipe sur la coursive latérale du navire. Pour Mathilde et toi qui n'avez jamais assisté à une telle opération, c'est vraiment impressionnant, et tu participes avec entrain au découpage de la carotte en tronçons de 1 m.

Après plus d'une centaine d'heures de travail, l'équipe est exténuée.

Le lendemain, tu gères un carottage sur un autre site et, en fin de journée, tu suis Gabriel au laboratoire pour effectuer un bilan. Les carottes prélevées dans la fosse* des Mariannes révèlent des squelettes de micro-organismes et des bactéries dix fois plus abondantes que celles inventoriées par vos soins sur le site dit « témoin ».

– Comment tout ce petit monde fait-il pour vivre à ces profondeurs ? demandes-tu au géochimiste.

– Une grande quantité de boue doit s'écouler dans la fosse suppose-t-il. Ces boues doivent emprisonner une quantité de substances organiques dont se nourrissent ces bactéries.

Satisfait de ta participation, ton père t'offre bientôt une nouvelle occasion de prouver tes talents.

– Ça te dirait de tester l'ambiance sonore du milieu en descendant un microphone dans la fosse ? te demande-t-il. Tu sais comment procéder ?

– Bien sûr ! lances-tu sans hésiter, car ça te fait très envie. Les ondes sonores voyagent sur de très longues distances dans les océans. La mer a peut-être des secrets à nous chuchoter à l'oreille ?

Tu supervises l'organisation de cette mission qui consiste à descendre le microphone à plus de 9 000 m. Protégé par une gangue en titane, l'appareil est spécialement conçu pour résister à la pression*.

Comment vas-tu t'y prendre ?

Tu fais descendre le micro le plus vite possible ? Va en 26.

Tu préfères y aller progressivement ? Rends-toi en 78.

46

Quand ton père te rejoint en cabine, tu évoques le mail et il te confie :

– Je souffre de crampes ; je ne supporterai pas le confinement du submersible. Et Irina ne veut pas te priver de cet honneur. Mais c'est une mission périlleuse, si tu ne te sens pas à la hauteur, il n'y a aucune honte à avoir.

– C'est d'accord, réponds-tu à cette proposition inespérée avec un mélange de peur et d'excitation. J'y ai réfléchi ; je m'en sens capable.

– C'est courageux de ta part, te félicite ton père. Je suis fier de toi !

En accord avec l'équipe, il fixe une date pour la mission. Tu dois d'ores et déjà choisir ton futur submersible afin que, avec l'aide des techniciens, tu puisses vérifier en amont que tout est en ordre.

C'est le moment de faire un choix...

Souhaites-tu utiliser le *Gouvernail* ? Rends-toi en 75.
Si tu optes plutôt pour le *Diable noir*, va en 28.
Si tu lui préfères le *Dumbo*, file en 42.

47

Vif comme l'éclair, tu t'assures que les caméras fonctionnent bien, puis profites du spectacle. Le mollusque aux gros yeux ronds a enroulé ses tentacules autour du cachalot, qui tente de l'aspirer dans sa gigantesque gueule. Le calamar se bat comme un diable, mais des traînées de sang noircissent bientôt les eaux et le vainqueur s'éloigne avec sa proie…

Tu te rends compte ? Vous êtes les premiers humains à avoir eu la chance d'observer un cachalot chassant le calamar. Ça, c'est une expérience abyssale !

De retour sur le navire, vous racontez toute l'aventure à vos collègues, captivés. Vos images révèlent de larges cicatrices sur la tête du cachalot. Ce vieux mâle n'en était pas à son premier combat !

Mise en ligne sur le blog de la mission, votre vidéo fait le tour du monde ! Si l'envie t'en prend, tu peux pousser ton exploration jusqu'au site Lost City, au 25. Si tu préfères finir sur cette expérience inoubliable, file au 57.

48

Tout au fond de la coque, vous distinguez les pierres de ballast qui servent à stabiliser le navire. Aux étages supérieurs s'étend la cale, où se trouve la cargaison. Les pirates avaient entreposé là-dedans pas moins de quatre-vingt-dix tonneaux.

Derrière, sous le pont, s'étend la batterie, dont la voûte est soutenue par de lourdes poutres transversales et qui abrite les canons. Par endroits, le plafond est à ciel ouvert – peut-être est-ce dû à l'explosion évoquée par le rescapé ?

– On pourra remonter quelques tonneaux et pièces d'artillerie ! suggères-tu avec enthousiasme.

Soudain, un grondement se fait entendre au-dessus de vos têtes…

Que fais-tu ?

Tu recules immédiatement, en 95 ?

Tu attends de voir ce qui va se passer, en 58 ?

49

Navire hauturier, le *Narval* peut parcourir tous les océans, hors zones polaires. Il s'apprête à partir pour une campagne en haute mer, une mission scientifique menée loin des côtes. Dépêche-toi ou tu seras le dernier à embarquer !

À bord, ton père assure le rôle de chef de mission. Il est actuellement en grande discussion avec Liam, le commandant. De nationalité québécoise, c'est un escogriffe d'une cinquantaine d'années, aux cheveux poivre et sel. Il est responsable de la sécurité et de la conduite du navire.

– Bienvenue à bord ! te lance-t-il. Tu peux aller faire un tour en bas : les scientifiques de l'équipage doivent être en cabines.

En effet, outre ton père et toi, une pilote, trois chercheurs, une experte en acoustique, des techniciens et un médecin (en cas de pépin) participent aussi à la mission.

Espérant rencontrer l'une ou l'autre de ces personnes, tu consultes le plan du navire que le commandant a affiché sur le pont et trouves sans problème les cabines. Sur place, tu croises trois femmes : Galathéa, la géologue belge, Irina, la pilote de submersibles, d'origine russe, et enfin Mathilde, qui est biologiste. Tu fais également la connaissance de Gabriel, un géochimiste venu d'Allemagne.

– Je remontais justement sur le pont pour aider à décharger les caisses de matériel, te dit-il dans un français parfait. Tu viens ?

Tu meurs d'envie de te rendre utile, aussi tu ne te fais pas prier.

Sur le pont, c'est l'effervescence qui précède les départs ! Vous retrouvez Mathilde et Galathéa, les autres « sciences » – c'est ainsi que l'on nomme les scientifiques embarqués. Avec le personnel technique, vous réceptionnez et chargez les containers, hissés à bord à l'aide d'une grue, et vous les stockez sur le navire. Ravie d'accueillir en bon état vos submersibles – ses « bébés » –, Irina propose de te briefer avant la courte réunion qui aura lieu dans peu de temps.

Tu t'empresses de l'écouter, en 55.
Tu préfères te rendre directement dans la salle de réunion, en 30.

50

Le lendemain, ton père convoque l'équipe et annonce ton choix, avant de préciser les objectifs de la mission.

– Un récent recensement montre qu'une faune nombreuse peuple les fosses* sous-marines de l'océan Pacifique. Notre but ? Faire connaître au public la formidable diversité de ces milieux. Par ailleurs, si l'un d'entre nous pense être prêt à descendre au fond de la fosse, il en aura sûrement l'occasion. Alors cap sur le Pacifique !

Pendant le voyage, tu tiens un journal de bord et fais plus ample connaissance avec les membres de l'équipage. Tu profites même d'une plongée en mer des Philippines pour observer de superbes raies et requins en compagnie de Gabriel, le meilleur plongeur de l'équipe.

Enfin, vous voilà sur l'île de Guam. Au large s'étend la fosse des Mariannes, une tranchée sous-marine longue de 2 500 km et large de 70 km en moyenne.

La surface du globe est constituée de plaques rigides qui reposent sur de la roche en fusion, ou « magma ». Au fil du temps, les mouvements du magma font bouger ces plaques les unes par rapport aux autres – c'est ce qu'on appelle la

« tectonique des plaques » –, contribuant à façonner le relief de la planète. Ici, la plaque « pacifique » a glissé sous la plaque « philippine », d'où ce vertigineux canyon. L'abîme le plus profond du monde, Challenger Deep, se trouve ici, à 10 994 m de profondeur !

– Imagine : l'Everest rentrerait dans ce gouffre, te souffle Gabriel le jour de votre arrivée. Et il resterait encore de la place. Impressionnant, non ?

– Ça donne le vertige ! lui réponds-tu en fixant les eaux bleues.

Mais déjà Irina, Galathéa, Mathilde et ton père vous rejoignent pour discuter des opérations à venir. Tu te lances :

– Pour commencer, on pourrait envoyer un robot hybride dans la fosse pour étudier la faune.

Personne n'y voit d'objection.

– À quel engin penses-tu ? te demande ton père.

Réfléchis bien...

Pour proposer d'employer l'*Octopus*, rends-toi au 66.

Si tu préfères opter pour le *Tentacula*, va au 16.

51

– Avant d'envoyer une équipe en mission de reconnaissance, déclares-tu, j'aimerais en savoir plus sur le relief du fond marin et dresser une carte.

– C'est la meilleure façon de procéder, confirme ton père. Comment t'y prendrais-tu ?

Après un instant de réflexion, tu lui réponds :

– On pourrait utiliser un sondeur multifaisceau.

– Excellent ! te félicite Irina. Et quel engin d'exploration utiliserais-tu ?

L'un de vos robots possède ce type d'équipement. Oui, mais… lequel ?

Rappelle-toi...

Si tu penses qu'il s'agit de votre ROV, rends-toi en **31**.

Si tu crois savoir qu'il vaut mieux se servir de votre robot hybride, va en **85**.

Si tu veux utiliser votre AUV*, file en **40**.

52

Tu te précipites sur l'extincteur, tires sur la goupille de la poignée, saisis la lance, appuies sur le levier et vises la base des flammes que tu « balaies » jusqu'à ce que le feu soit complètement maîtrisé. Félicitations ! Tu as géré cette situation critique d'une main de maître.

Par sécurité, tu as également mis le masque à oxygène.

Et quel soulagement de constater que les principales commandes du *Dumbo* fonctionnent toujours correctement !

Tu as eu chaud quand même, non ?

Cette grosse frayeur passée, tu comprends l'erreur que tu as commise, et qui aurait pu t'être fatale : tu ralentis, en 72.

53

Ta demande reçoit une réponse négative. Ton père te répond :

– Vous ne pouvez pas rester plus de cinq heures au fond, tu le sais…

– Il nous faut suffisamment d'énergie pour regagner la surface, te rappelle pour sa part Irina. Et si nous déchargeons les batteries, nous ne pourrons pas replonger demain. Informe donc ton père que nous remontons.

Sachant qu'elle a raison, tu t'exécutes sans discuter davantage.

Une fois de retour, avec Irina, tu nettoies la batterie, la mets en charge et contrôles l'état du submersible pendant que les scientifiques s'affairent au labo.

Le soir, ton père te félicite pour cette mission fructueuse, et conclut :

– C'est bien d'être enthousiaste, mais la discipline est une qualité essentielle chez un pilote…

Tu comprends l'allusion et regrettes un peu ton attitude. Ton père te permettra-t-il de plonger à nouveau ? Pour le savoir, poursuis l'aventure en 20.

54

Le spectacle de la mer démontée t'hypnotise et c'est à peine si tu entends Mathilde arriver.

– C'est ta première tempête ? te demande-t-elle.

– Ça se voit tellement ? lui réponds-tu, avec un sourire crispé.

– C'est normal d'être nerveux, te rassure-t-elle. Ce n'est que ma deuxième campagne océanographique et moi non plus je ne suis pas sereine. Mais ne t'inquiète pas. Tu es entre les mains de professionnels chevronnés.

La tôle du bateau crisse sous la houle, de plus en plus forte.

Soudain, une immense vague s'écrase à quelques mètres de vous, inondant le pont. Alertée, Mathilde te souffle :

– Éloignons-nous du garde-corps. Ces vagues imprévisibles sont dangereuses.

Si tu portes des chaussures antidérapantes, rends-toi au numéro indiqué sur ton ticket.

Dans le cas contraire, cours au 77.

55

Irina t'explique :

– Les **submersibles** sont conçus pour explorer les abysses, au-delà de 1 000 m. Mais après plusieurs heures de plongée, leurs batteries doivent être rechargées en surface.

Nous en avons trois : le *Gouvernail* peut accueillir trois personnes, rester jusqu'à cinq heures sous l'eau et descendre jusqu'à 7 000 m. Dans l'habitacle, la température ne doit pas tomber en dessous de 10 °C et, à partir de 1 % de CO_2, gare aux somnolences !

Les deux autres, le *Dumbo* et le *Diable noir*, n'accueillent qu'un seul pilote mais descendent jusqu'à 11 000 m. Ils tiennent leurs noms d'animaux marins : un drôle de poulpe aux nageoires comme des oreilles et une baudroie à la gueule pleine de dents.

– Le *Diable noir* ? s'étonne Gabriel. Je pensais que…

Il s'interrompt pour laisser sa collègue continuer :

– Nous avons aussi emmené plusieurs modèles de **robots sous-marins** qui ont été testés et éprouvés, reprend-elle. C'est l'avenir ! Ils évitent de mettre des vies en danger et restent plus longtemps au fond qu'un engin habité. Mais on n'est jamais à l'abri d'un pépin technique. Et la perte d'un robot peut compromettre toute une mission…

Tu assistes justement à l'embarquement de l'*Octopus*, un robot hybride de plusieurs tonnes, piloté avec ou sans câble relié au navire. Il descend jusqu'à 11 000 m et sert à prélever des échantillons de faune, des sédiments*, à transmettre des images ou à établir des cartes sous-marines.

Vous attendez encore le *Tentacula*, un autre engin d'exploration appelé ROV (*remotely operated vehicle*, véhicule téléguidé). Relié par câble au navire, il est manœuvré depuis la surface ou téléguidé par un pilote. Il a les mêmes fonctions que l'*Octopus*, mais ne va pas au-delà de 7 000 m. Il est doté d'un sondeur multifaisceau pour dresser des cartes du fond des océans. Les AUV* sont aussi adaptés pour ce type de mission, mais vous n'en aurez pas à bord.

N'hésite pas à revenir à ce chapitre consacré à vos engins d'exploration.

Pour l'heure, tu peux aller voir Galathéa qui effectue les dernières vérifications d'usage, en 61, te rendre sous le pont du navire, en 83, ou à la réunion, en 30. Tu peux aussi relancer Gabriel sur le *Diable noir*, en 69.

56

– Le *Tentacula* ne descend qu'à 7 000 m maximum, te fait remarquer Irina. C'est plus profond que la plupart des engins de ce type : il peut recueillir des sédiments* par carottage, certes, mais pas se poser sur le plancher du monde.

– Le gouffre fait 11 000 m de profondeur, souviens-toi ! ajoute Gabriel. Tu ne voudrais pas faire exploser le matériel, dis ?

Ces remarques te refroidissent un peu… Tu ne maîtrises pas l'utilisation du carottier, donc tu n'oses en parler. En l'absence de nouvelle proposition de ta part, tes collègues se chargent de l'utiliser, réalisant l'étude à ta place. Tu te sens à l'écart et te reproches de ne pas oser t'affirmer…

Comme le soir tombe, tu essaies de te reconcentrer pour reprendre la main sur ta mission.

Va te détendre un peu en 84.

57

Tes compétences ont prouvé à ton père et à tous tes collègues que tu méritais pleinement ta place au sein de l'équipe. Tu es un vrai professionnel de l'océanographie maintenant ! Tu songes déjà à repartir en campagne, mais pour aller où ? Tu as bien le temps d'y songer…

Tes collègues, eux, sont ravis de rapporter une belle collection d'échantillons qu'ils continueront d'étudier à terre pour faire progresser les connaissances sur les océans.

Avant de regagner la France, vous vous offrez un moment de repos en plongeant avec les baleines et les dauphins des Açores.

Aurais-tu rêvé meilleure fin pour ta mission ? Allez, bon vent !

58

– Tout va s'effondrer ! s'écrie Irina, paniquée. Recule, vite !

Trop tard ! Une partie du plafond s'écroule brutalement sur la coque en titane du *Gouvernail*. Par chance, aucun hublot n'est brisé. Vous appelez à l'aide la surface, qui parvient à vous envoyer un submersible de sauvetage avant que votre réserve d'air ne soit totalement épuisée. Mais vous avez vécu des heures éprouvantes, dans l'angoisse d'une rupture d'habitacle... Quand on vous remonte, vous êtes choqués et dans un état de stress indescriptible. Après cette épreuve traumatisante, tu n'es plus en mesure de poursuivre ta mission. Il faudra par ailleurs plusieurs mois pour réparer la charpente du *Gouvernail*, sérieusement endommagée.

Le robot archéologique ne pourra remplacer une mission habitée. Console-toi, celle-ci aurait pu tourner bien plus mal...
Retente ta chance en 1 !

59

Tu t'éloignes en contournant le champ de pierres pour éviter de soulever des nuages de sédiments* qui recouvriraient la faune et la flore vivant sur le fond et pourraient perturber l'écosystème* pendant des années.

Une demi-heure plus tard, tu distingues de longues formes blanchâtres à moitié dissimulées sous la vase.

– Une carcasse de baleine ! s'exclame Mathilde. Ce spécimen doit dépasser les 10 m de long.

En prenant des photos, elle t'explique que les baleines à bosses viennent se reproduire sur la côte est de Madagascar.

– Pas de contre-ordre en surface ! vous informe Irina. On a le temps d'aller voir le canyon !

En t'éloignant, tu passes près de monts sous-marins où tu prélèves coraux, anémones et oursins, avant d'atteindre la zone au relief escarpé, en 23.

60

Tu appuies sur les deux rubis qui forment les yeux du kraken : un déclic se produit et le couvercle s'ouvre.

Un murmure d'émerveillement s'échappe de chaque bouche quand tu dévoiles des joyaux qui brillent de mille feux ! Il y a là des colliers, des bagues ouvragées, des saphirs, des émeraudes, des améthystes et d'autres gemmes éclatantes.

– Bravo ! te félicite ton père.

Alors que tu entreprends d'inventorier le trésor avec Margrit et Galathéa…

– Regardez ! lance la géologue. Il y a un carnet au fond !

Margrit s'en empare et le feuillette.

– C'est sûrement le journal du pirate. Il est écrit en vieux français, mais nous le montrerons à un paléographe, de retour à terre. Sa traduction intéressera les historiens.

Félicitations, moussaillon ! Barbe-Flamme serait fier de toi !
C'est sur cette belle réussite que tu poursuis ta mission, en 12.

61

– On appareille ! t'informe Galathéa. Mais on a reçu du matériel en retard, alors la réunion ne commencera que dans une demi-heure.

La scientifique profite de ce laps de temps pour te faire découvrir la passerelle avec le poste de pilotage, mais aussi les laboratoires, le salon, la grande salle à manger et la cafétéria pour vos moments de détente. Spacieux et agréable !

Puis, vous regagnez le pont où vous retrouvez Gabriel.

Tout en regardant les vagues, Galathéa évoque les créatures qui hantent les abysses :

– C'est quand même extraordinaire qu'elles puissent supporter les conditions de pression* qui règnent là-dessous. Nous, on serait réduits en bouillie ! Dis, tu connais leur secret ?

Pas rassurante, ta collègue géologue ! Que vas-tu lui répondre ?

C'est sûrement parce que ces créatures ont de super poumons ! Va en **76**.

Elles sont molles et gélatineuses… ça doit être la raison ! Rends-toi en **15**.

62

Tu fonces vers la caisse avec toute la rapidité dont tu es capable. Mais que peux-tu faire face aux éléments déchaînés ? Avant que tu aies le temps de te mettre à l'abri, la vague s'écrase sur le pont. Les flots t'emportent et te rejettent violemment contre le bastingage. Quand Mathilde revient en arrière, alertée par tes cris, il est déjà trop tard. Tes os n'ont malheureusement pas résisté à ce choc terrible...

Ton aventure s'achève ici. Retourne en 1 pour retenter ta chance !

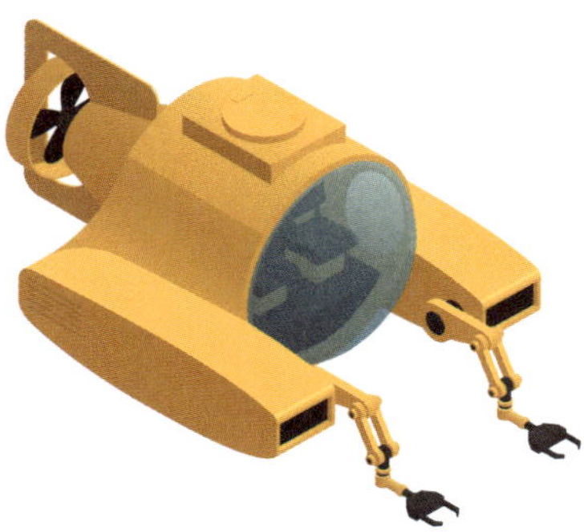

63

Tu as raison, le moment n'est pas venu de faire une quelconque manœuvre. Tu es encore bien loin du plancher du monde.

Après deux heures trente de descente, ton écran de contrôle t'indique que le *Dumbo* a détecté le fond.

Dans la nuit abyssale, les battements de ton cœur s'accélèrent. Tu allumes tous les projecteurs pour y voir plus clair. Puis tu lâches du lest, démarres les propulseurs et…

Mince... Que dois-tu faire, déjà ?

Penses-tu qu'il faille accélérer ? Fonce dans ce cas en 27.

Si tu juges préférable de ralentir, tente ta chance en 72.

64

Tu absorbes le CO_2 en excès dans l'habitacle en répandant au sol des granulés de chaux sodée.

Plongées dans leurs tâches respectives, Mathilde et Irina ont à peine senti leurs paupières s'alourdir. Tu as réagi juste à temps pour vous éviter une terrible migraine.

– Toujours OK en surface ? demandes-tu à Liam, tandis qu'Irina termine un prélèvement de roches.

– Le temps se gâte et la mer s'agite, te répond-il. Remontez vite !

Votre plongée est écourtée, mais vous rapportez de belles images et des échantillons intéressants.

Le rapport d'Irina à ton sujet est mitigé. Elle doute un peu de tes compétences, mais reconnaît ne pas encore être en mesure d'évaluer l'étendue de tes capacités. Ton père te permet donc de poursuivre ta mission.

Tu as eu chaud ! Mais, ouf, l'aventure continue pour toi... Rends-toi en 20.

65

Ton père est ravi de ta déduction ! Vite contacté, son ami archiviste vous envoie le décryptage complet du mystérieux texte. Il s'agit de coordonnées géographiques qui correspondent bien au large de l'île de « Madagascar », le mot que tu as décodé !

Ton père informe illico l'équipe des objectifs de votre mission : localiser et explorer l'épave, le relief, et la faune sous-marine des alentours. Ayant détecté un problème sur votre robot hybride, Irina est soulagée, car il ne devrait pas vous servir.

Quelque temps plus tard, vous jetez l'ancre devant l'île Sainte-Marie de Madagascar, un ancien repaire de pirates.

– D'abord, il faut localiser l'épave, déclare ton père. Il n'y a peut-être rien au fond !

Pas de bateau pirate ? Tu n'oses l'envisager…

Vous savez où est censée se trouver l'épave. Votre zone de recherche est donc restreinte. Un magnétomètre est tracté à l'arrière du *Narval*. Cet appareil, servant à détecter des objets métalliques, révèle la présence de ferraille vers 3 600 m. Des canons ? Peut-être… En tout cas, il y a quelque chose là-dessous !

Tu décides de passer à l'étape suivante quand Gabriel vous annonce l'arrivée d'un hélicoptère. Toute l'équipe se rassemble sur le pont pour accueillir Margrit, la spécialiste en conservation et restauration d'objets archéologiques, venue de Suisse, qui vivra cette aventure à vos côtés. Les présentations faites, vous réceptionnez un mini-robot explorateur, spécialement conçu pour les missions archéologiques. Galathéa et Mathilde prennent des photos de ce débarquement aérien spectaculaire, puis vous vérifiez le bon état de marche du matériel.

Le soir, au cours du repas, vous parlez de vos expériences réciproques et des créatures que vous aimeriez croiser dans les abysses. Margrit vous avoue qu'elle rêve de voir un kraken, le légendaire calamar géant. Tu admets, pour ta part, que cette créature te fait plutôt cauchemarder, et c'est sur ces petites confidences que se termine cet agréable moment.

Le lendemain, que décides-tu de faire ?

Pour partir en exploration, rends-toi en 13.

Si tu préfères d'abord étudier le relief du fond, file en 51.

66

– L'*Octopus* supporte une pression* mille fois plus élevée qu'en surface, rappelles-tu à tes coéquipiers pour justifier ton choix. C'est l'engin idéal.

Relié au navire par un long câble de fibre optique, l'engin, que tu pilotes à distance durant plusieurs heures, collecte des échantillons de faune. Outre les superbes spécimens de crevettes, anémones, coraux, et éponges encore non identifiés que photographie et filme votre robot, vous avez la surprise de découvrir, par 8 500 m de fond, un poisson ondulant aux nageoires translucides. L'équipe te laisse l'honneur de lui choisir un nom. Quelle fierté !

– C'est une grande découverte ! s'exclame Mathilde. Il est rare d'observer des poissons au-delà de 8 000 m.

Au laboratoire, tu suis avec intérêt les analyses que la biologiste mène dans la foulée sur l'organisme des crevettes que votre engin a recueillies au-delà de 7 000 m.

– Ces crustacés contiennent des polluants, t'avoue-t-elle, dépitée. Des PCB, pour être exacte. Les taux sont comparables à ceux que l'on mesure dans les zones les plus polluées du globe.

– La planète est aussi polluée au plus profond des océans ? gémis-tu. C'est écœurant !

– On pouvait s'y attendre, reprend l'experte en écosystème*. Les PCB ont été interdits à la fin des années 1970, mais ces substances toxiques ne se dégradent pas. Elles peuvent subsister pendant des décennies dans l'environnement !

Ces découvertes ne sont pas réjouissantes, mais elles seront utiles pour tenter de comprendre les effets de la pollution sur la faune marine et réfléchir au meilleur moyen de préserver celle-ci.

Le lendemain, tu suggères de tenter d'en savoir plus sur la composition sédimentaire du fond de la fosse* des Mariannes. Mais la maintenance sur l'*Octopus* doit se poursuivre une partie de la journée. Il te faut donc proposer un autre moyen pour réaliser cette étude.

Souhaites-tu employer le *Tentacula*, en 56 ?
Ou le carottier, en 45 ?

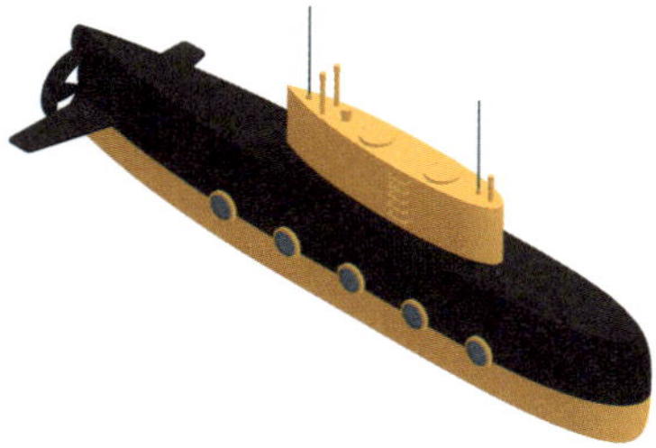

67

Pour cette nouvelle plongée, RAS côté capteurs et équipements. Tu commences à te roder !

Après quatre heures d'exploration, Irina entame la remontée.

– Pas évident avec tous ces nuages de sédiments*, conclut Galathéa, mais on a fait du bon travail !

Vers 2 000 m de profondeur…

– J'aurais bien aimé faire une découverte exceptionnelle, soupires-tu.

– Ah, on ne peut pas toujours…

Irina s'interrompt. Un chant vient de s'élever dans les eaux sombres.

Sur le qui-vive, votre pilote allume un projecteur.

– Dites-moi que je rêve, souffle-t-elle.

À une centaine de mètres, un cachalot d'au moins 35 tonnes poursuit un calamar, le plus grand des invertébrés !

Tu as envie de t'approcher ? Va en **11**. Mais si tu penses qu'il y a autre chose à faire, rends-toi en **47**.

68

Au grand air, tu retrouves ton père mais aussi Irina et Margrit qui vont plonger avec toi à bord du *Gouvernail* pour cette première mission de repérage.

Une heure et quarante-cinq minutes après avoir commencé votre descente, vous voilà à 3 600 m de fond. La silhouette fantomatique du navire se dessine à travers vos hublots et, soudain, vous vous retrouvez nez à nez avec un squelette armé d'une faux…

– La figure de proue ! s'exclame Margrit avec l'enthousiasme des férus d'histoire.

Un frisson te court le long de l'échine alors que tu passes au-dessus de l'épave.

Brisé en deux par le milieu, le navire est enfoui sous une épaisse couche de vase. Mais il te paraît très bien conservé. La couverture de sédiments* lui a sans doute permis de traverser les siècles sans trop de dommages. Par ailleurs, dans les abysses, il n'y a pas d'algues et le taux d'oxygène est plus faible qu'en surface, ce qui ralentit le pourrissement du bois.

– J'imagine sans mal l'effet glaçant que cette sculpture devait produire chez ceux qui avaient le malheur de croiser la route de Barbe-Flamme ! reprend Margrit.

– Comment savoir s'il s'agit bien de son bateau ? lui demandes-tu.

– La proue représente un squelette armé d'une faux, te rappelle Margrit. C'est la représentation de la Mort, qu'on appelle aussi la « Faucheuse » car elle coupe le fil de la vie. C'est le nom du navire du pirate, souviens-toi ! Il y a donc de grandes chances pour que ce bateau soit celui que nous cherchons. D'ailleurs, on dirait bel et bien un galion !

Les battements de ton cœur s'accélèrent... Tu essaies de ne pas te déconcentrer et manœuvres pour te rapprocher du bateau.

Comment explores-tu l'épave ?

Tu survoles le pont, en 37 ?

Tu fais le tour du navire, en 19 ?

Tu t'engouffres en 48, dans une grande brèche au milieu du flanc droit du navire ?

69

– Vous parliez du *Diable noir*, souffles-tu à Gabriel.

– Oui, je pensais que c'était le *Scylla* que l'on embarquait avec le *Dumbo*, dit-il. J'avais entendu parler d'une défaillance du *Diable noir*…

– Exact, confirme ton père, ça s'est produit il y a six mois : une imperfection dans la structure externe, repérée à temps. Tout défaut de fabrication peut s'avérer fatal sur ces engins ! Mais depuis, le *Diable* a été testé à nouveau et avec succès par 9 800 m de fond. Et le *Scylla* est de toute façon en mission à l'autre bout du monde.

– Le *Dumbo* a été testé à 10 500 m, aux Philippines, non ?

– Encore exact, lui répond ton père. Mais je dois vous laisser. J'ai quelques points à régler avec Liam avant la réunion.

Toi, tu as encore le temps d'aller faire un tour sous le pont du navire, en **83**.

Mais tu peux aussi parler avec Galathéa, la géologue, en **61**.

70

D'accord, l'énergie ne doit pas être gaspillée, mais là il s'agit de voir clair pour te poser dans les meilleures conditions !

Dans la semi-obscurité, tu rates un obstacle et tapes violemment le fond, secouant tout le monde. La coque en titane du sous-marin résiste au choc, mais ce faux pas te déstabilise. Tu hésites ensuite sur les manœuvres à effectuer pour les prélèvements et, même si ce test de pilotage se termine sans incident majeur, ton père estime que tu n'es pas à la hauteur et t'écarte des explorations suivantes. Dommage…

Tu penses mériter une meilleure fin de mission ? Alors retente ta chance en 1 !

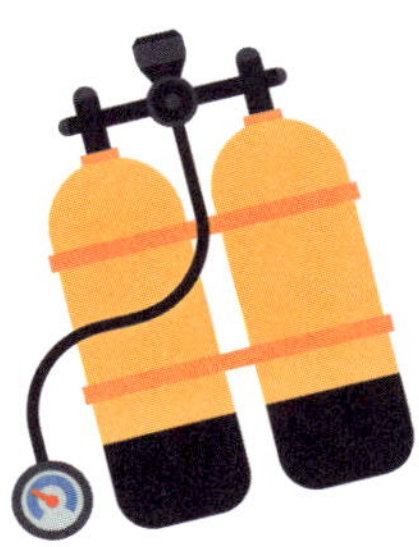

71

Tu suis Margrit au laboratoire où vous retrouvez Gabriel. L'urgence ? Protéger vos trouvailles pour éviter qu'elles ne se détériorent au contact de l'air.

– Après plusieurs siècles passés dans l'eau salée, ces pièces sont très fragiles, t'explique votre collaboratrice. Si tu laisses à l'air libre un objet en fer quelques minutes seulement, les dégâts sont irréversibles.

Vos trésors sont pour la plupart recouverts de couches de matières minérales (sel, calcaire…) que l'on appelle des concrétions. Pour nettoyer ces objets, vous procédez par électrolyse : vous les immergez dans une solution chimique que tu prépares avec Gabriel. Celle-ci est ensuite soumise à un courant électrique ce qui permet d'éliminer le sel et de « révéler » la forme et les détails des objets. Au final, vous mettez au jour trois superbes pistolets – leur crosse en bois est encore bien visible, le canon en métal, lui, a été rongé par le sel –, deux sabres d'abordage, plusieurs bouteilles et fioles – elles étaient prises dans une gangue calcaire que tu as fait sauter au burin – et deux harmonicas dont on peut encore tirer des notes !

Tes collègues et toi vous plongez des heures durant dans ce travail captivant et minutieux.

– Ces objets sont très bien conservés, conclut Margrit. Comme tu dois le savoir, dans les grandes profondeurs, la corrosion est ralentie parce que l'oxygène se fait rare.

C'est émouvant d'avoir l'impression de lever le voile sur un épisode de l'histoire de ce navire et de son équipage, non ?

Maintenant, si tu as repéré des tonneaux, rends-toi au chapitre correspondant au nombre de barils de la cargaison. Si c'est déjà fait ou si tu meurs plutôt d'envie de mettre la main sur le trésor du pirate, rends-toi en 44.

72

Tu te poses sans problème au fond de l'océan, à 10 901 m.

Bravo ! Tu fais moins bien que le *Trieste*, mais mieux que James Cameron.

Fou de joie, tu imagines le *tweet* que tu aurais pu envoyer à l'équipage : « Au fond ! ☺ »

Quand tu oses regarder à travers ton hublot, tu vois… de l'eau sombre, c'est tout !

« Pas de monstre marin ? Remboursé ! » songes-tu.

Même au plus profond des océans, l'eau ne gèle pas. À partir de 2 000 m, sa température reste stable, entre 0 °C et 2 °C. Brrr ! Tu frissonnes…

Soudain, une sueur froide te coule le long de l'échine. Est-ce l'émotion ? La tension qui retombe ? Tu as aussi des fourmis dans les jambes et les pieds. Toutes tes idées se mélangent… Hé, ce n'est pas le moment de flancher !

Souhaites-tu prendre quelques minutes pour te relaxer en passant par le 14 ?

Ou préfères-tu saisir les manettes pour effectuer au plus vite les prélèvements, en 82 ?

73

Tu augmentes le débit en oxygène, mais tu ne te sens pas mieux. Pire, Irina et Mathilde se plaignent de maux de tête. Normal : la proportion d'oxygène dans l'habitacle peut varier de 17 à 23 %. Le taux initial était donc idéal…

Quand tu fais part à Irina du niveau de dioxyde de carbone, elle te demande d'utiliser immédiatement de la chaux sodée qui va en absorber l'excédent, mais, au bord du malaise, tu en es incapable. Irina s'en charge donc avant d'informer la surface qu'elle écourte la mission.

Au retour, Mathilde se sent toujours patraque et Irina est bien obligée de faire son rapport. Tu as compromis ta première mission et ton père ne te juge pas assez responsable pour t'en confier une autre.

La campagne dans l'Atlantique continuera sans toi… Retente ta chance en 1 !

74

Tu diriges le tube transparent vers un essaim grouillant et mets en marche l'engin, qui aspire les petites crevettes. Hop ! Tu arrêtes. Inutile de dépeupler les abysses !

Tu mets à présent le cap sur les pentes du volcan. Parcouru de failles, le terrain est parsemé de grosses boules rondes, des « coussins » de lave durcie, à la croûte grise et molle. Tu prélèves des échantillons sans faux pas.

Aux alentours du volcan, vous découvrez une véritable oasis où prospèrent chimères – de drôles de poissons blancs, cousins des requins – et anémones de mer.

Vous êtes sous l'eau depuis près de cinq heures. C'est le moment de regagner la surface. Mais as-tu pris tes précautions avant de monter à bord ?

Si tu te souviens du nombre inscrit sur la plaquette qui décore la porte des cabinets, tu sais à quel chapitre te rendre. Sinon... ta vessie doit être bien pleine ! Retiens-toi au moins jusqu'au **21** !

75

Quand tu parles du submersible, l'équipe te regarde de travers.

– Le *Gouvernail* ? répète Irina, incrédule. Tu comptes descendre en solitaire par 11 000 m de fond avec un engin qui se pilote à trois et explosera au-delà de 7 000 m ?

Tu aimerais être mille pieds sous terre… Il est évident que tu n'es pas à la hauteur de la tâche que ton père a accepté, trop hâtivement, de te confier. Il décide immédiatement de te retirer les commandes de cette périlleuse mission, qui est finalement accomplie à la perfection par Irina.

Toi, tu finis ton aventure océanographique en cabine. C'était pourtant l'occasion rêvée de prouver tes capacités…

Retourne sans tarder en **1** et retente l'aventure ! Mais tâche de faire mieux cette fois-ci…

76

– Tu n'as pas tout à fait tort, te répond Galathéa en riant. Le cachalot est un champion de l'apnée ! Il descend sans problème jusqu'à 500 m. Et l'on pense même que, s'il est attiré par un festin de calamar, il doit être capable de plonger au-delà de 2 000 m. Sa cage thoracique élastique se comprime et ses poumons s'aplatissent ! Mais si les créatures des abysses résistent à de telles profondeurs, c'est aussi et surtout parce qu'elles ont un squelette mou.

– On apprend plein de trucs avec Galathéa, conclut Gabriel, sourire aux lèvres.

Après un instant, tu regardes ta montre : vite, filez à la réunion, en **30**, ou vous allez rater le début !

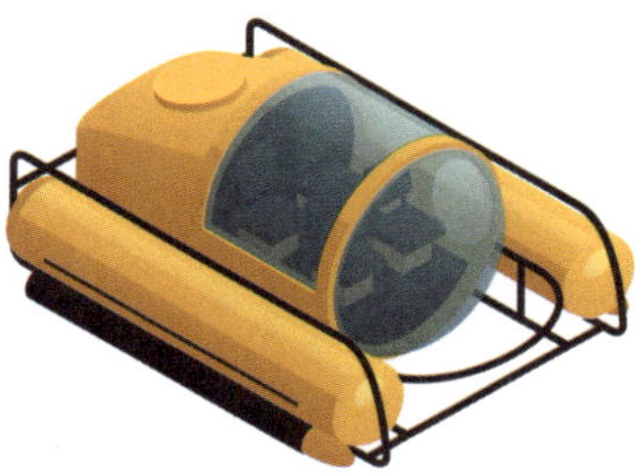

77

Vous n'avez pas fait vingt pas que le bateau tangue dangereusement… Mathilde continue à avancer, s'éloignant de la zone dangereuse. Avec ses chaussures antidérapantes, elle progresse plus vite que toi au milieu des flaques d'eau. Elle a déjà disparu de ton champ de vision quand, sous le ciel noir chargé d'électricité, une immense vague fonce sur le navire à la vitesse de l'éclair.

En une fraction de seconde, tu analyses la situation.

Devant toi, un filet de bastingage est solidement accroché à un câble en acier. Quelques mètres en arrière, une grosse caisse t'offrirait un abri sûr. Mais auras-tu le temps de l'atteindre avant que la vague ne déferle sur le pont ?

Vite, décide-toi !

Cours-tu vers la caisse, en **62** ?

Ou restes-tu sur place pour t'accrocher au bastingage, en **43** ?

78

Vingt jours après, vous remontez le micro et analysez l'enregistrement.

– J'aimerais entendre les battements de cœur d'une pieuvre géante, confies-tu à l'experte en acoustique.

–Tu devrais écrire des romans ! te lance-t-elle, amusée.

En fait, le bruit de fond est hétéroclite (sons de cargos, grondements sismiques, chants de baleines…)

– Ça ferait un beau CD pour la protection des océans, dis-tu.

– Le public accrocherait, tu crois ? s'interroge la spécialiste. Avec des chants de sirènes, peut-être !

Réalisés pendant des mois, de tels enregistrements permettent d'en savoir plus sur la pollution sonore des océans et de comprendre son impact sur les espèces (perturbation de leur faculté de s'orienter, de communiquer ou de leur reproduction).

Comme votre test s'achève, le jour décline. Va donc prendre une petite pause, en 84.

79

Tu enchaînes plusieurs parties avec Galathéa tout en parlant de ton parcours, de tes expériences et souhaits pour l'avenir. Tu perds la notion du temps et il est déjà 23 heures quand la géologue te lance :

– Tu n'arrêtes pas de bâiller, file donc te coucher !

À contrecœur, tu regagnes ta cabine et t'endors comme une souche.

Le matin, en lisant sur ton réveil « 09.00 », tu bondis de ta couchette.

Comment as-tu pu ne pas entendre la sonnerie ?

Quand tu montes sur le pont, ton père t'apprend, furieux, que Margrit et Irina t'attendent depuis une heure. Tu t'en doutais un peu…

Inutile de te dire qu'au vu de ton manque de sérieux, ton père t'écarte de la mission, qui se déroulera désormais sans toi.

Le chapitre 1 te tend les bras…

80

Cette mission de reconnaissance effectuée, vous enchaînez avec l'exploration des zones de l'épave difficiles d'accès. Grâce au robot archéologue télécommandé depuis le *Narval*, tu te glisses dans la cabine du pirate. Quand les caméras embarquées te montrent les images d'une boîte en bois, tu manipules les doigts robotisés et t'en empares. Quelle déception, des heures après, de n'y trouver que de vieux papiers ! Mais tu as aussi remonté de superbes porcelaines – pour éviter d'en rayer l'émail, tu les immerges dans une solution d'acide diluée pour ramollir les couches de calcaire qui les recouvrent et qui s'éliminent ensuite au lavage –, des bijoux, des pièces et même la brosse à dents en bois du pirate !

Si tu as vu des tonneaux, rends-toi maintenant au chapitre correspondant au nombre total de barils repérés. Si tu as remonté des objets, tu peux aussi les examiner de plus près, en **71**. Si tu t'intéresses avant tout au trésor du pirate, rends-toi en **44**.

81

Tu allumes toutes les lumières, mets en marche le sonar* pour repérer d'éventuels obstacles et annonces :

– Fond à 120 m !

Vers 100 m, tu largues du lest et, apercevant le fond, tu donnes un coup de moteur vertical. Le *Gouvernail* se pose en douceur.

– Voilà les sources ! s'exclame Gabriel en t'indiquant des cheminées hautes de plusieurs dizaines de mètres.

Tu manœuvres pour te rapprocher des structures qui ressemblent à des termitières géantes. Ces « fumeurs » crachent de l'eau brûlante en dégageant un panache sombre. Disséminés sur les pentes d'un dôme volcanique, ils entourent un lac de lave fossile de plusieurs centaines de mètres, au sommet du volcan.

Vous vous trouvez à peu près à 1,70 m de la cheminée. Pour prendre la température du fluide, tu peux rapprocher un peu le *Gouvernail*, en 41, ou utiliser son bras articulé, en 34.

82

Tu as envie d'en finir au plus vite mais tu n'es vraiment pas en état… La pression est très forte, c'est le cas de le dire ! Essaie de bien respirer. Une fois, deux fois, trois fois. Tu te sens mieux ? Bon… Maintenant, pour effectuer correctement les prélèvements, essaie de te souvenir des numéros de chacune des manettes qui vont t'être utiles.

Tu as les chiffres en tête ? Alors additionne-les et rends-toi au chapitre correspondant.
Si tu ne parviens pas à t'en souvenir, fonce au 3.

83

Sous le pont où est stockée une partie du matériel, tu remarques de longs tuyaux en métal qui t'intriguent.

– Des tubes de carottage, te lance un technicien. Ils peuvent faire 60 m de long.

Ça ne ressemble en rien à un cageot à légumes. Alors qu'est-ce que c'est que cette histoire de carottes ?

Remarquant ton désarroi, l'homme t'explique :

– Ces longs tubes d'acier fixés à un lest de plomb se terminent par ce que l'on appelle une « tête d'ogive ». On la plonge dans le sous-sol marin pour y prélever des sédiments*. L'étude de ces carottes de matière permet d'améliorer nos connaissances sur la croûte océanique – la partie de l'écorce terrestre qui forme les océans – et sur l'évolution du climat au fil des siècles.

Intéressant... mais l'heure tourne.

De retour sur le pont supérieur, tu croises Galathéa. Si tu veux aller la voir, va en 61. Si tu préfères te rendre immédiatement en salle de réunion, c'est en 30.

84

Dans ta cabine, tu te plonges dans les aventures du *Trieste*, l'engin de l'océanographe Jacques Piccard descendu dans la fosse* en 1960 : par 10 916 m, il avait aperçu un poisson, une émouvante preuve de vie ! Puis tu te renseignes sur les exercices de respiration utiles aux plongeurs de l'extrême.

Un peu plus tard, tu consultes ta messagerie : un journaliste célèbre a écrit un mail à l'équipe. Il veut savoir si vous comptez envoyer un pilote dans la fosse pour rééditer l'exploit de James Cameron, le détenteur du record de plongée en sous-marin, en solitaire. Tu réalises alors que tu as vraiment envie que ce soit toi… Mais ton père et Irina sont bien plus expérimentés.

Quel que soit le pilote qui vivra cette aventure, ce sera un grand moment de frisson pour tous. Dans l'immédiat... veux-tu répondre au mail, en **92** ? Ou préfères-tu d'abord en parler à ton père, en **46** ?

85

Mais non ! Tu devrais le savoir : Irina a détecté un problème sur votre robot hybride. Alors oui, il aurait pu mener cette mission à bien, même s'il est surtout conçu pour explorer les endroits très profonds, mais là, il n'est pas opérationnel. Un autre robot en votre possession était mieux adapté pour effectuer les relevés qui vous intéressent. Mais voyant que tu t'emmêles les pinceaux, ton père préfère prendre les choses en main et écourte ta mission.

Tu avais les capacités de faire mieux, non ? Retourne vite en 1 et tente à nouveau ta chance !

86

Vous observez la scène : armé de huit bras et de deux tentacules à ventouses de 10 m de long, le calamar échappe au gigantesque cétacé. Ils s'éloignent tandis que le cachalot renouvelle son attaque. Vous ne connaîtrez pas le vainqueur de ce combat titanesque, mais quelle chance d'y avoir assisté !

– Vous avez vu les yeux du calamar ? s'exclame Irina. Des soucoupes géantes !

L'eau était très trouble et vos images sont floues… C'est dommage. Mais, de retour en surface, vous montrez quand même ces vidéos et clichés à vos collègues, ravis déjà de cet aperçu.

Vous rapportez par ailleurs quantité d'échantillons que tes coéquipiers devront encore analyser.

Ta mission s'achève. Ces dernières semaines, tu as contribué à faire progresser les connaissances sur des sites méconnus et leur faune exubérante.

L'océanographie est faite pour toi et tu rêves déjà de nouvelles expéditions… Tu peux en découvrir d'autres en repartant en 1 !

87

Voilà une erreur qui te sera fatale… Dans une situation d'urgence comme celle-ci, tes collègues ne peuvent rien pour toi ! Le temps d'entrer en communication avec eux, le feu s'est propagé dans le submersible… Plusieurs explosions se produisent partout en même temps ; une fumée noire et âcre, qui te brûle déjà la gorge et les yeux, envahit rapidement ta minuscule sphère. En panique, tu récupères le masque à gaz, mais ça ne te sauve pas la vie car le *Dumbo* explose. Maigre consolation pour tes proches : ton nom restera dans l'histoire…

Bien triste fin, non ? Tu aurais pu faire de meilleurs choix… Alors file en 1 et retente ta chance !

88

– Pardon, mais ma vessie est… disons… en situation critique ! souffles-tu à ton père et Gabriel. J'en ai pour cinq minutes !

– En effet, c'est le moment ou jamais, plaisante le géochimiste. À moins que tu tiennes à faire pipi dans un flacon !

Afin d'éviter cette expérience qui ne te dit rien du tout, tu files vers les toilettes. Sur la porte des cabinets, tu remarques une plaquette décorative sur laquelle deux petits cygnes sur un lac forment le nombre « 22 ». Une fois ta commission faite, tu rejoins tes collègues.

Quel soulagement ! Embarques, en 4.

89

Tu te souviens des recommandations de ton père : mieux vaut avoir de bonnes chaussures, surtout par gros temps !

Une fois au vestiaire, contre ton ticket marqué du numéro 39, on t'en remet une paire. Avant de monter à bord, tu as effectué une batterie de tests et rempli une fiche de renseignements. Il n'y a donc pas d'erreur, elles te vont parfaitement. Tu passes ensuite en cabine pour enfiler un gros pardessus avant d'apporter un en-cas au commandant.

Comme toujours lors de situations délicates, Liam est fidèle au poste, sur la passerelle. La mer est agitée et fait grincer votre navire, mais le commandant a des années de navigation derrière lui et, s'il est inquiet, il n'en laisse rien paraître.

Pour toi, ce n'est pas pareil… La nervosité te gagne, tu ne tiens pas en place ! Va donc faire un tour sur le pont, en **54**.

90

Tu remontes plusieurs tonneaux à l'aide d'un parachute de relevage, un ballon relié à un câble que le navire de surface fait descendre jusqu'à votre submersible avec des bouteilles remplies d'air. Les bras articulés du *Gouvernail* te permettent de gonfler le ballon avant de le fixer à chaque objet qui remonte ensuite en surface. Un système bien pratique pour récupérer des pièces de 50 kg à quelques tonnes.

Certains tonneaux sont pleins de poudre ou de viande salée. Bien sûr, après des siècles passés sous l'eau, celle-ci est avariée ! En revanche, d'autres barils contiennent un excellent rhum – parmi les plus anciens jamais retrouvés ! – et du très bon vin.

Voilà une belle histoire pour alimenter le blog de la mission ! Mais interdiction du commandant d'aller se servir !
Maintenant, si tu as remonté des objets, tu peux aller en **71**.
Mais si tu trépignes à l'idée de découvrir le trésor du pirate, rends-toi en **44**.

91

– Tu veux planter un drapeau sous la mer comme les astronautes sur la Lune ? te lance Mathilde, persuadée que tu plaisantes. Tu as l'aventure dans le sang !

Mais les autres se regardent tous d'un air inquiet…

Aucun scaphandre ne peut plonger à 3 600 m. Les plus perfectionnés résistent à 300 m de profondeur, ce qui est déjà formidable. Par ailleurs, un scaphandrier est un technicien entraîné qui a suivi une préparation physique très poussée. Ses missions sont extrêmement périlleuses et il ne peut travailler quand les courants sont trop forts. C'est pourquoi, pour des tâches très compliquées, on fait plutôt appel à des robots télécommandés qui peuvent intervenir 24 h/24, même par temps de houle.

Ta proposition, qui n'était pas une blague, n'a pas rassuré l'équipage. Ton père préfère donc écourter ta mission. Retente donc ta chance en 1 !

92

« Je vais être le premier à répondre ! » songes-tu en écrivant que cette mission se fera, que vous n'avez pas encore décidé pour le submersible, mais que le pilote sera certainement Irina ou ton père.

Clic ! Tu envoies le mail, avec l'équipe en copie.

Aïe… Quand ton père te rejoint en cabine et consulte ses messages, il est estomaqué par cette initiative malvenue, et te rabroue vivement :

– Nous n'avons même pas encore discuté du sujet ! Ça ne viendrait à l'esprit de personne à bord, même aux plus expérimentés, de répondre à une sollicitation sans mon aval. Oublies-tu que tu n'es pas chef de mission ? Par ailleurs, ta réponse précipitée n'apporte rien et risque de nous faire passer pour des amateurs.

Déçu par ton attitude, ton père te prive de fin de mission. Retente ta chance en **1**, mais réfléchis un peu plus avant d'agir cette fois-ci.

93

– Sortez les pulls ! lances-tu, sachant que le niveau de température est normal.

– Tu as raison, te souffle Mathilde en passant aussi sa polaire.

Frileuse, Irina porte déjà une grosse combinaison.

– Le fond ne devrait plus être loin. 750 m ! annonces-tu peu après, en jetant un œil au profondimètre.

Irina met le sonar* en marche et largue du lest pour stabiliser le *Gouvernail*.

Une fois sur la dorsale*, sous la lueur glauque des projecteurs, vous apercevez les immenses cheminées que vous cherchiez : surnommées « fumeurs noirs », ces sources crachent de l'eau sombre et très chaude.

– On va voir de plus près ? proposes-tu aux deux femmes.

Irina met le cap sur les fumeurs pendant que tu informes le *Narval* de la manœuvre en utilisant le téléphone acoustique. Ta voix met deux secondes pour parvenir à vos collègues, ravis d'avoir de vos nouvelles.

– Regardez, vous souffle Mathilde. Un champ de modioles !

La scientifique t'explique :

– Ce sont des moules géantes qui peuvent atteindre 15 cm. Elles prospèrent près des fluides chauds, se nourrissant de l'eau chargée en bactéries et en particules minérales.

Puis, se tournant vers Irina :

– Peux-tu en ramasser ? J'ai bien envie d'étudier leur vitesse de croissance.

– À ton service ! lui répond la pilote de sa voix chantante.

À l'aide du bras articulé, elle dépose plusieurs modioles dans le panier à prélèvements du submersible et récolte également des spécimens de crevettes qui pullulent dans le secteur, ainsi que des roches pour Galathéa.

Vous êtes au fond depuis près de cinq heures quand, de la surface, ton père te rappelle que vous devez remonter.

– Irina termine un prélèvement, l'informes-tu. Nous revenons ensuite.

Dix minutes après, tu es en train d'admirer une méduse qui prend la pose devant les caméras du submersible, quand Irina vous lance :

– J'ai terminé !

Tu remarques de superbes rascasses au moment où ton père vient, une fois encore, aux nouvelles. Que lui réponds-tu ?

Que tu aimerais rester encore un peu plus, en 53 ?
Qu'Irina va entamer la remontée, en 5 ?

94

– La piraterie, les Caraïbes… Ce n'est pas idiot, admet ton père. Mais le mot à trouver était « Madagascar », et cette île n'est pas dans les Antilles. Nous n'aurions aucune chance de trouver l'épave de Barbe-Flamme dans ce secteur, même en le passant au peigne fin.

Puisque tu n'as pas été capable de résoudre cette première énigme, ton père préfère ne pas te confier la recherche du bateau : qui sait, d'autres codes seront peut-être à déchiffrer et il semble que ce ne soit pas ton fort…

Cette mission t'échappe, mais il t'est encore possible de partir explorer la fosse* des Mariannes, en 50, ou les sources chaudes qui sommeillent au fond de l'Atlantique, en 10. Bon courage !

95

Tu as à peine effectué la manœuvre pour sortir le *Gouvernail* de ce guêpier qu'un morceau de pont s'effondre quelques mètres devant votre submersible, dégageant un immense nuage de sédiments* qui obscurcit un long moment vos hublots.

Dans l'habitacle, on entend les mouches voler. Puis, trois soupirs de soulagement s'échappent de vos poitrines.

– Excellents réflexes, souffle Irina, reconnaissante. Grâce à toi, nous avons évité le pire. Si on s'était retrouvés sous les décombres…

Elle s'interrompt, très émue, et le silence retombe. Vous êtes encore sous le choc, réalisant avec peine la chance que vous avez eue. D'un commun accord, vous décidez toutefois de poursuivre votre exploration.

Maintenant, fais le tour du navire en commençant par la proue, en 19, ou survoles le pont, en 37. Si c'est déjà fait, ou si l'envie t'en est passée, rends-toi en 80.

96

Aïe ! La pince est utilisée pour ramasser des objets, des roches ou des animaux de grande taille ou qui sont placides, comme les concombres de mer. Tu écrabouillerais ces pauvres crevettes en procédant ainsi. Ce serait du joli pour un amoureux de la nature !

Le nom te semblait peut-être trop drôle pour être vrai, mais c'est bien un aspirateur à faune qu'on utilise pour échantillonner les animaux de petite taille sans leur faire de mal.

Va donc démarrer cet instrument bien pratique en 74.

LEXIQUE

Abysses : du grec *abussos*, « sans fond ». Profondeurs marines.

AUV : robot sous-marin autonome semblable à une torpille, commandé à distance, qui plonge jusqu'à 3 000 m.

Bioluminescence : capacité à produire de la lumière, présente chez 80 à 90 % des espèces marines profondes.

Dorsale océanique : chaîne de montagnes sous-marines s'étendant sur des milliers de kilomètres.

Écosystème : ensemble des minéraux, animaux et végétaux qui vivent dans un milieu naturel donné.

Fosse : tranchée sous-marine.

Plaine abyssale : étendue désolée recouverte de vase, située entre 3 000 et 6 000 m de profondeur.

Pression : force exercée sur une surface. Plus on s'enfonce dans l'océan, plus le poids de l'eau est important, d'autant que l'eau de mer est salée, et plus la pression qu'elle exerce augmente... jusqu'à atteindre des niveaux insupportables pour le corps humain. À 5 000 m, la pression est 500 fois supérieure à celle qui règne en surface.

Sédiments abyssaux : dépôts au fond de la mer, formés de boues, d'argiles ou autres sables, et de débris d'animaux.

Sonar : système de détection sous-marin qui permet de repérer, localiser et identifier obstacles et objets sous l'eau. L'appareil émet une impulsion sonore et reçoit les ondes réfléchies par ces derniers.

Submersible : véhicule utilisé pour explorer les fonds marins.